Konrad-Adenauer-Stiftung

Forschungsbericht 54

Herausgegeben im Auftrag der
Konrad-Adenauer-Stiftung

von Franz Schuster
Institut für Kommunalwissenschaften

Karl Heinrich Oppenländer

Auftrag des Staates und der Kommunen in der Informationstechnik

Verlag Ernst Knoth · Melle

Zusammenstellung von Unterlagen zum Vortrag anläßlich des Fachkongresses „Neue Informations- und Kommunikationstechnologien in der Anwendung", veranstaltet von der Konrad-Adenauer-Stiftung am 10./11. März 1986 in Hannover.

CIP-Kurztitelaufnahme der Deutschen Bibliothek

Oppenländer, Karl Heinrich:
Auftrag des Staates und der Kommunen in der Informationstechnik / von K. H. Oppenländer. [In Zusammenarbeit mit d. Konrad-Adenauer-Stiftung e.V., St. Augustin]. – Melle: Knoth, 1986.
(Forschungsbericht / Konrad-Adenauer-Stiftung ; 54)
ISBN 3–88368–118–0
NE: Konrad-Adenauer-Stiftung: Forschungsbericht

Verlag Ernst Knoth GmbH, Melle
in Zusammenarbeit mit der Konrad-Adenauer-Stiftung e.V., St. Augustin
März 1986

ISBN 3–88368–118–0

Forschungsbericht
Konrad-Adenauer-Stiftung e.V.
Herstellung: Ernst Knoth GmbH, Melle

Inhaltsverzeichnis

Abbildungen – Übersichten

Tabellen

Vorwort

Die zurückliegende wirtschaftliche Stagnation hat hierzulande die Erkenntnis reifen lassen, daß die Weltwirtschaft und unsere Volkswirtschaft derzeit in einem grundlegenden Strukturwandel begriffen sind. Angetrieben wurde diese Entwicklung vor allem durch revolutionäre Innovationen im Bereich der Computertechnik, der Mikroelektronik und der Informatik. Nachdem der Mikroprozessor entwickelt war, schickten sich Staat und Industrie in Japan an, den Weg zur neuen Informationstechnologie zu gehen und die Produktion in allen wichtigen Bereichen der Informationstechnik stark auszubauen.

Der Erfolg dieser Bemühungen ist auf den informationstechnischen Weltmärkten zu konstatieren: Bei den elektronischen Bauelementen, wo Japan nach den USA den größten Weltmarktanteil hält; in der Nachrichtentechnik, in der Unterhaltungselektronik und in der industriellen Automation, wo der Weltmarktanteil Japans über dem der USA liegt.

Diese Erfahrung hat die Bundesregierung 1984 veranlaßt, die Herausforderung der Informationstechnik aufzunehmen und ein Konzept zur Förderung der Entwicklung der Mikroelektronik zu verabschieden, das die Wettbewerbsfähigkeit der Bundesrepublik Deutschland auf diesem Gebiet verbessern helfen soll. Parallel dazu haben die Länder und Kommunen Anstrengungen unternommen, die Umstrukturierung der Wirtschaft und die Entwicklung neuer Industrien zu fördern.

Die technologieorientierte Struktur-, Regional- und Industriepolitik des Staates und der Kommunen sind Gegenstand zahlreicher Diskussionen im wissenschaftlichen und politischen Bereich, bei denen zwei Fragen im Vordergrund stehen: Welcher Lösungsansatz empfiehlt sich in der Technologiepolitik am ehesten, der japanische, der amerikanische oder der deutsche? Wie weit reicht der technologiepolitische Auftrag des Staates in der sozialen Marktwirtschaft? Die vorliegende Studie konzentriert sich auf den zweiten Themenbereich. Sie wurde von Prof. K. H. Oppenländer, dem Präsidenten des Ifo-Instituts für Weltwirtschaftsordnung in München im Auftrag des Instituts für Kommunalwissenschaften der Konrad-Adenauer-Stiftung erstellt.

Den Ausgangspunkt der Studie bildet die Konzeption der Bundesregierung zur Informationstechnik. Es wird untersucht, ob die darin vorgesehenen Maßnahmen mit unserer Wirtschaftsordnung vereinbar sind. Dies wird in weiten Bereichen bejaht und begründet. Allerdings werden auch Grenzen für das staatliche Handeln in der Technologiepolitik aufgezeigt. Die Studie ist geeignet, einer aktuellen politischen Diskussion Orientierungshilfen zu geben.

Sankt Augustin, im März 1986 — Franz Schuster

0. Einleitung

Die Informationstechnik steht im Zentrum der „Dritten Industriellen Revolution“. Sie prägt diese Revolution entscheidend mit: Das wirtschaftliche Wachstum wird über den so beschleunigten technischen Fortschritt beeinflußt, Strukturen verändern sich zwangsläufig und gewollt („schöpferische Zerstörung“ nach Schumpeter), ob es sich um den Einsatz der Produktionsfaktoren im Produktionsprozeß handelt, oder ob neue Konsummuster damit gemeint sind. Dieser Prozeß ist weltweit wirksam. In Industrieländern mit enger außenwirtschaftlicher Verflechtung – die Bundesrepublik Deutschland gehört dazu – wird diese „Revolution“ immer mehr zum Bestimmungsfaktor des Wohlstandes. Letztlich geht es bei der Kreierung und Umsetzung um die Behauptung der internationalen Wettbewerbsfähigkeit des einzelnen Landes. Die Standortbestimmung des Staates innerhalb dieser „Revolution“ ist nicht leicht zu ergründen. Einerseits ist die Kreierung und Anwendung neuer Technologien Sache der Privatwirtschaft, und die Effizienzbeurteilung sollte dem Markt überlassen bleiben. Andererseits ist der Staat gehalten, Rahmenbedingungen für dieses private Wirtschaften zu setzen. Er hat darüber hinaus auch Eigeninteressen zu verfolgen, im Sinne eines Auftrags, die soziale Komponente der Bürger zu seiner Sache zu machen und bestimmte Zielsetzungen zu verfolgen, die die Privatwirtschaft nicht verfolgen kann oder will.

In diesem Spannungsfeld ist das hier gestellte Thema „Auftrag des Staates und der Kommunen in der Informationstechnik“ zu sehen. Die Studie handelt in fünf Abschnitten das Problem ab. Zunächst wird der Frage nachgegangen, welchen Auftrag der Staat im Rahmen der Technologieforschung wahrnimmt und welche Beträge für welche Aufgabengebiete und Zielsetzungen Bund und Länder in der Bundesrepublik Deutschland ausgeben. Das ist sozusagen die Feststellung dessen, was geschieht. In einem zweiten und dritten Kapitel ist die Frage nach der volkswirtschaftlichen Bedeutung der Informationstechnologie zu stellen, im internationalen Wettbewerb wie auch in der strukturellen Verflechtung nach Produktions- und Abnehmerbereichen im Inland. Daß man hier in erster Linie auf Mutmaßungen und auf Frühindikatoren angewiesen ist, leitet sich aus der Tatsache ab, daß wir gerade erst am Beginn dieser „Revolution“ stehen. Sie kann deshalb kaum durch statistische Daten (die immer nur die Vergangenheit beschreiben können) in ihrer Auswirkung untermauert werden. Im vierten Kapitel wird dann die Rolle des Staates durchleuchtet, wobei ordnungspolitische Überlegungen als Ausgangspunkt dienen für die Beurteilung der Zielsetzung, der Zielerfüllung und der getroffenen Maßnahmen im Rahmen der Technologiepolitik. Im Zeichen dieser „Evaluierung“ steht dabei die „Konzeption der Bundesregierung zur Förderung der Entwicklung der Mikroelektronik, der Informations- und Kommunikationstechniken“ von 1984, die inzwischen im „Regierungsbericht Informationstechnik“ fortgeschrieben wurde (1985). Schließlich wird aus den Betrachtungen in den einzelnen Kapiteln ein Resumé gezogen.

0. Einleitung

1. Förderung der Informationstechnologie im Rahmen der Technologieförderung

1.1 Die Informationstechnologie als Gegenstand der Technologieförderung

Seit Mitte der 70er Jahre vollzieht sich in den hochindustrialisierten Ländern nach weit verbreiteter Auffassung eine „mikroelektronische Revolution". Als Folge neuer Fertigungstechniken für elektronische Bauelemente und Rechnereinheiten können immer mehr Schalt- und Speicherfunktionen auf immer kleinerem Raum zusammengefaßt und in hochautomatisierten Prozessen hergestellt werden. Angesichts der universellen Verwendbarkeit dieser Mikroprozessoren in allen Bereichen der industriellen Produktion, in der Verwaltung und in den Haushalten liegt es nahe, diesen Technologien den Charakter einer Basis- oder Schlüsselinnovation, vergleichbar etwa der Entwicklung der Dampfmaschine, des Automobils oder der Einführung der Elektrizität, zuzusprechen. Speziell durch die Verschmelzung von Daten- und Nachrichtentechnik ist in den letzten Jahren auf der Basis der Mikroelektronik eine breite Palette neuer Kommunikationssysteme (z. B. Kabel-, Video- und Bildschirmtext, Teletex, Fernkopierer, Videorecorder, Bildplatte, Kabelfernsehen mit Rückkanal, Satellitenfunk und -fernsehen) entwickelt worden, für die der Sammelbegriff der „Neuen Informations- und Kommunikationstechniken" geprägt wurde.

An die flächendeckende Einführung dieser neuen Medien werden sowohl Hoffnungen als auch Befürchtungen geknüpft. Die Befürchtungen sind vor allem vor dem Hintergrund der aktuellen wirtschaftlichen Schwierigkeiten in vielen Industrieländern der westlichen Welt zu sehen, die sich in hoher Arbeitslosigkeit bei nachlassendem Wirtschaftswachstum niederschlagen. Die Hoffnungen gründen sich meistens darauf, daß von den neuen Informations- und Kommunikationstechniken ein technologischer Entwicklungsschub, eine neue Phase der Innovation und Diffusion technischen Fortschritts eingeleitet werden könnten, die zu einer breiten Substitution alter Produkte und Verfahren und zur Erschließung neuer Nachfragefelder führen würde. Von der Verbreitung der Mikroelektronik könne eine Überwindung der gegenwärtigen Stagnationstendenzen ausgehen. Arbeitsplatzsparende Rationalisierungseffekte würden durch arbeitsplatzschaffende Wachstumseffekte mehr als kompensiert werden.

Vor allem von den Arbeitnehmerorganisationen werden diese Kompensationseffekte bestritten. Die neuen Informationstechniken, so wird argumentiert, seien grundsätzlich Rationalisierungstechniken. Den Arbeitsplatzverlusten bei den Anwendern dieser Techniken stünden nur geringe Beschäftigungseffekte bei den Herstellern gegenüber, da hier die Fertigung in hohem Maße automatisierbar sei. Darüber hinaus würde durch ihre breiten Anwendungsmöglichkeiten gerade im Bereich der Dienstleistungsproduktion die traditionelle Absorptionsfunktion des tertiären Sektors für freigesetzte Arbeitskräfte des primären und sekundären Sektors gemindert. Technologische Arbeitslosigkeit, Leistungsverdichtung, Dequalifizierung oder zumindest Polarisierung der Arbeitsanforderung seien die Folge. Außerdem müsse mit negativen Konsequenzen für die

Privatsphäre der Bürger (Verkümmerung sozialer Fähigkeit, Verlust persönlicher Handlungs- und Entscheidungsspielräume) gerechnet werden.[1]

Allein diese skizzenhafte Beschreibung der kontroversen Einschätzung der neuen Technologien macht deutlich, daß die Vertreter der unterschiedlichen Positionen sehr gegensätzliche Erwartungen hinsichtlich des Auftrages des Staates und der Kommunen in der Informationstechnik haben. Bei diesem Streit geht es keineswegs darum, daß die eine Seite einer bedingungslosen Förderung und die andere Seite einer bedingungslosen Behinderung der neuen Technologie das Wort redet, sondern eher um die Frage, in welchem Maße Bund, Länder und Gemeinden in ihrem jeweiligen Zuständigkeitsbereich und mittels ihrer jeweiligen administrativen Möglichkeiten die Entwicklung, Anwendung und Verbreitung jener neuen Technologien durch bewußtes Handeln fördern und forcieren oder durch absichtsvolles Unterlassen behindern und hemmen. Insofern wäre es eine Verzeichnung der Intention der Diskutanten, wenn ihre Positionen in der Schwarz-Weiß-Kategorie des Pro und Kontra dargestellt würden. Vielmehr geht es um die unterschiedliche Einschätzung von sozialökonomischen Folgen einer nicht verhinderbaren technologischen Entwicklung, um die Kontrolle und Gestaltung ihrer Anwendungsbedingungen durch den Staat.

Aufgrund dieser Überlegungen kann die hier zu behandelnde Thematik zur Frage zugespitzt werden: Sollen Staat und Kommunen im Bereich der Informationstechnologie spezielle, ihre Entwicklung und Verbreitung beschleunigenden Maßnahmen ergreifen?

1.2 Die Begründung der Forschungs- und Entwicklungspolitik durch den Staat

Mit Fragestellungen dieser Art ist die Wirtschaftspolitik ständig konfrontiert. Sie haben im Laufe der letzten Jahrzehnte ein solches Gewicht erlangt, daß sie zur Herausbildung einer eigenständigen wirtschaftspolitischen Disziplin, der Forschungs- und Technologiepolitik geführt haben. Als deren „große Ziele" werden genannt

- die Erweiterung und Vertiefung der wissenschaftlichen Erkenntnis,
- die Ressourcen- und Umweltschonung sowie menschengerechte Lebens- und Arbeitsbedingungen und
- die Steigerung der wirtschaftlichen Leistungs- und Wettbewerbsfähigkeit.

„Besonderes Augenmerk gilt der rascheren Umsetzung von Forschungsergebnissen in die wirtschaftliche Anwendung, insbesondere auf den neuen Hochtechnologiefeldern Mikroelektronik, Biotechnologie, Nachrichtentechnik, Materialforschung, Energie- und Umwelttechnik."[2]

Die hier angedeutete ordnungs- und wirtschaftspolitische Problematik betrifft nur einen verhältnismäßig schmalen Ausschnitt der Forschungs- und Technologiepolitik des Staates. Es handelt sich um jenen Teil staatlicher Aktivitäten, der unmittelbar auf die Förderung von privater, an einzelwirtschaftlicher Wirtschaftlichkeit orientierter For-

[1] Stellungnahme des RWI zu Fragen der Enquete-Kommission „Neue Informations- und Kommunikationstechniken" des Deutschen Bundestages, Unterkommission „Wirtschaft, Kosten, Finanzierung, Organisationsstrukturen", bearbeitet von K. Löbbe, J. Warnken und P. Wolfmeyer, abgedruckt in: Mitteilungen des Rheinisch-Westfälischen Instituts für Wirtschaftsforschung, Jg. 33 (1982), S. 113ff.

[2] Bundesbericht Forschung 1984, Vorwort.

schung und Entwicklung gerichtet ist. Von seinen Aufwendungen für Forschung und Entwicklung im Jahre 1983 in Höhe von 19,8 Mrd. DM hat der Staat 14,2 Mrd. DM in eigenen Instituten und Forschungseinrichtungen verausgabt, während 5,6 Mrd. DM in den marktwirtschaftlichen Sektor der Volkswirtschaft geflossen sind. Nur dieser Teil der ausgabewirksamen F&E-Förderung kann Gegenstand von ordnungs- und wirtschaftspolitisch begründeten Erwägungen sein, während bei den in „Eigenproduktion" erbrachten Forschungsleistungen der Staat aus übergeordneten sozialökonomischen Gründen auf Marktselektion und Marktbewertung bewußt verzichtet.

Hierbei handelt es sich ausschließlich oder doch weit überwiegend um Aufwendungen im Bereich der Grundlagenforschung. Sie ist im wesentlichen darauf bedacht, den wissenschaftlichen und technischen Erkenntnisstand zu erweitern und zu vertiefen, ohne primär an einer praktischen Verwertbarkeit der Forschungsergebnisse interessiert zu sein. Sie bezieht aus der eigenen Zielsetzung ihre politische Rechtfertigung und bedarf insofern keiner anderen zweckgerichteten Begründung.

Von der „wertfreien" Grundlagenforschung ist die auf praktische Zielsetzung und ökonomische Verwertung angelegte angewandte Forschung zu unterscheiden. Die von ihr verwendeten Ressourcen sind als Vorleistungen auf einen erhofften, gleichwohl mit Risiko belasteten Erfolg anzusehen. Insofern sind ihre Aufwendungen in ökonomischer Hinsicht als Investitionen zu charakterisieren, die die Produktion von neuen Produkten oder die Anwendung von neuen Produktionsverfahren ermöglichen, zum Vorteil dessen, der die Früchte dieser Aufwendungen ökonomisch nutzen kann.

Von den gesamten privaten und staatlichen Forschungsaufwendungen der letzten 20 Jahre sind etwa 60 bis 70% als anwendungsorientiert einzustufen und rund 40 bis 30% als Grundlagenforschung. Zu den auf Anwendung gerichteten Forschungs- und Entwicklungsaufwendungen der Volkswirtschaft in Höhe von 32,6 Mrd. DM (1983) steuert der Staat etwa ein Sechstel (5,6 Mrd. DM) bei. Dabei ist in Rechnung zu stellen, daß es sich bei diesen an private Unternehmen fließende Gelder des Staates zu einem erheblichen Teil um Käufe von Forschungsleistungen handelt, die von der Privatwirtschaft erbracht werden und die der Staat zur Erfüllung seiner hoheitlichen Aufgaben benötigt. Zu nennen sind insbesondere die F&E-Aufwendungen des Bundes für die militärische und zivile Verteidigung (1,8 Mrd. DM), die nahezu ausschließlich als Leistungsentgelte für Marktleistungen zu klassifizieren sind. Diese und ähnliche vom Staat zur Privatwirtschaft fließenden Entgelte für Forschungsleistungen beziehen sich auf Marktentnahmen. Sie sind ähnlich zu charakterisieren wie die Ausgaben des Staates für den Kauf von Brennstoffen oder Büromaschinen. Insoweit handelt es sich bei ihnen um Käufe und nicht um subventionsartige, forschungspolitisch motivierte Zuwendungen.

Wenngleich die Grenzlinie zwischen Käufen und Subventionen des Staates in manchen Einzelfällen nicht klar zu erkennen ist, und die vorliegenden statistischen Informationen eine exakte Unterscheidung nicht zulassen, wird man davon ausgehen können, daß von den Aufwendungen des Staates für Leistungen der Wirtschaft in Höhe von 5,6 Mrd. DM im Jahre 1983 größenordnungsmäßig etwa die eine Hälfte als Käufe und die andere Hälfte als Förderung der angewandten Forschung von privaten Unternehmen zu kennzeichnen sind. Die ordnungs- und wirtschaftspolitische Problematik der Forschungs- und Technologiepolitik betrifft insofern gegenwärtig reichlich 10% der gesamten öffentlichen Forschungs- und Entwicklungsaufgaben, während rund 90%

dieser Aufwendungen unabhängig von den jeweiligen ordnungspolitischen Präferenzen als unstreitig gelten können.

Tabelle 1

Aufwendungen für Forschung und Entwicklung nach Leistungs- und Finanzierungsträgern 1962 bis 1983

Jahr	Aufwendungen des Staates[1] Insgesamt	davon für Eigen-produktion	davon für Leistungen der Wirtschaft	Aufwendungen der Wirtschaft	FuE-Aufwendungen insgesamt
			in Mill. DM		
1962	2278	1938	340	2212	4490
1970	6900	5430	1470	7900	14800
1977	12600	9710	2890	15135	27735
1983	19780	14170	5610	27000	46780
			in %		
1962	50,7	43,2	7,6	49,3	100
1970	46,6	36,7	9,9	53,3	100
1977	45,4	35,0	10,4	54,6	100
1983	42,3	30,3	12,0	57,7	100

Nach Angaben des Bundesministeriums für Forschung und Technologie.

[1] Einschließlich Wissenschaftsorganisationen und F- und E-Anteil des Hochschulbereichs.

Ohne ein geeignetes Referenzsystem ist es nun kaum möglich, die verschiedenen Möglichkeiten der Förderung hinsichtlich ihrer ökonomischen Effizienz voneinander zu unterscheiden. Ohne Handlungskriterien ist man nicht in der Lage, die für den Bereich „Informationstechnologie" zur Verfügung stehenden beschränkten Ressourcen ökonomisch sinnvoll zuzuteilen.

Das hierzu erforderliche Referenzsystem muß – wenn es volkswirtschaftlich begründet sein soll – aus den in einem marktwirtschaftlichen System geltenden Ordnungs- und Bewertungsregeln abgeleitet werden. Zu Recht wird im Forschungsbericht 1984 der Bundesregierung immer wieder auf den subsidiären Charakter der Forschungs- und Technologiepolitik im allgemeinen und der entsprechenden Teilpolitiken im besonderen hingewiesen. Sofern dieser Anspruch auf volkswirtschaftliche Effizienz – sie ist von der technischen Effizienz zu unterscheiden – nicht nur deklamatorischen Charakter haben soll, sondern tatsächlich bei der Definition und Selektion der Staatsaufgaben im Bereich der Informationstechnologie Anwendung finden soll, sind angemessen trennscharfe Kriterien zu entwickeln, die bestimmte Förderungsinhalte und Methoden ausschließen und andere als Staatsaufgaben anerkennen und zulassen.

Die Problematik der zureichenden ordnungspolitischen Verzahnung mit der allgemeinen Wirtschaftspolitik bereitet der Forschungs- und Technologiepolitik nach wie vor große Schwierigkeiten. Sie ist im Forschungsbericht 1984 genausowenig überzeugend gelöst wie im Forschungsbericht 1979. Symptomatisch für diesen Sachverhalt ist die

Tatsache, daß im jüngsten Forschungsbericht, trotz häufiger Bekenntnisse zur marktwirtschaftlichen Ordnungsidee die Rolle des Preises und der Preisbildung zur Beurteilung von forschungspolitischen Aktivitäten kaum herangezogen wird, so daß die wünschenswerte Verbindung zwischen marktwirtschaftlichem Bekenntnis und forschungspolitischer Praxis nur schwer erkennbar ist.
Der hierin zum Ausdruck kommende Pragmatismus wird gewiß die Zustimmung all jener finden, die von der jeweiligen Form der Förderung begünstigt werden, während jene, die von der Begünstigung ausgeschlossen sind, naheliegende Einwände geltend machen können. Doch abgesehen von den Argumenten der Betroffenen und abgesehen von den mit der Ordnungsproblematik verbundenen Effizienzgesichtspunkten, ist die einsichtige ordnungspolitische Begründung eine wichtige politische Barriere gegen das Abgleiten der Forschungs- und Technologiepolitik zur Politik der Investitions- und Strukturlenkung. Wer die Leistungsfähigkeit des marktwirtschaftlichen Systems hoch veranschlagt, sollte in der Lage sein darzutun, daß die von ihm vertretene Konzeption der Forschungs- und Technologiepolitik sich von der jener unterscheidet, die weniger Zutrauen in die Effizienz der Marktsteuerung haben und gerade deshalb die F&E-Politik als Korrektiv einsetzen möchten. Dem Begünstigten ist es letztlich gleichgültig, welche Motive der Forschungspolitik zur Begünstigung Anlaß gegeben haben. Und der Wähler, der über unterschiedliche wirtschaftspolitische Konzeptionen zu entscheiden hat, wird kaum verstehen, warum die eine Konzeption systemkonform, die andere aber systeminkonform sein soll, wenn beide zu einer sich nur in Nuancen unterscheidenden Ausformung der Forschungs- und Technologiepolitik führen. Das Referenzsystem wird im einzelnen in Kapitel 4 entwickelt. Im folgenden wird zunächst auf die Ausgaben des Bundes und der Länder zur Förderung der Informationstechnik eingegangen.

1.3 Die Aussagen des Bundes zur Förderung der Informationstechnik

Die Forschungs- und Technologiepolitik des Bundes umfaßt ein außerordentlich breites Spektrum von Aktivitäten. Dabei werden 21, im wesentlichen funktional abgegrenzte Forschungsschwerpunkte unterschieden. Unter ihnen ist die Informationstechnologie, bestehend aus Datenverarbeitung, Kommunikation und Elektronik ein eigenständiges Schwerpunktgebiet. Aus der Bezeichnung der verschiedenen Schwerpunkte sind bereits Rückschlüsse auf ihre Zuordnung zu den für die wirtschaftspolitische Beurteilung wichtigen volkswirtschaftlichen Kategorien: Eigenproduktion, Forschungssubventionen möglich. Generell kann man davon ausgehen, daß es sich bei allen Schwerpunktprogrammen, welche die Förderung von Produkten und Produktionsverfahren betreffen, die von privaten Unternehmen gegen Entgelt erzeugt und verkauft werden, um marktnahe, die wirtschaftliche Betätigung des Unternehmenssektors unmittelbar begünstigende Aktivitäten handelt. Unter diesem Gesichtswinkel dürfte der Forschungsschwerpunkt „Informationstechnik" neben den Schwerpunkten Fertigungstechnik, Energieforschung und Energietechnologie, Luftfahrtforschung und -entwicklung sowie Forschung und Technologie für bodengebundenen Transport und Verkehr zu den besonders marktnahen Förderungsbereichen der Technologiepolitik gehören. Es liegt auf der Hand, daß wirtschaftspolitisch motivierte kritische Einwendungen gegen die Forschungs- und Technologiepolitik sich insbesondere auf die genannten Schwerpunkte beziehen, nicht jedoch auf solche Förderungen, die mit unserem Verständnis von Staatsaufgaben – z. B. Weltraumforschung und Weltraumtechnik oder Polarforschung, Meeresforschung und Meerestechnik oder Wehrforschung und Wehrtechnik – in Einklang stehen.

Tabelle 2

Zur Bedeutung der Informationstechnik im Rahmen der Technologiepolitik Soll-Zahlen in Mill. DM, 1975, 1983 und 1984

	1975		1983		1984	
	in Mill. DM	Anteile in %	in Mill. DM	Anteile in %	in Mill. DM	Anteile in %
F&E-Ausgaben von Bund und Ländern	12738,3	–	19185,4	–	–	–
darunter Bund	7537,7	100	12054,5	100	12279,4	100
dar.: Förderungsschwerpunkt:						
Informationstechnologie (DV, Kommunikation, Elektrotechnik)	474,0	6,3	519,6	4,3	533,4	4,3
Fachinformation	44,3	0,6	68,2	0,6	68,3	0,6
dar.: Förderungszweck:						
Datenverarbeitung, Nachrichtentechnik, Elektrotechnik	495,9	6,6	515,2	4,3	559,9	4,6
Dokumentation, Information	31,5	0,4	27,2	0,2	27,4	0,2
dar.: Forschungsziel:						
Industrielle Produktivität und Technologie	870,7[1]	11,6	1929,1	16,0	1917,3	15,6
darunter						
Elektrotechnik, Elektromechanik	247,2[1]	3,3	301,2	2,5	307,3	2,5
dar.: Förderungsart:						
Direkte Projektförderung	3880,8	51,5	6139,4	50,9	6141,4	50,0
Indirekte Projektförderung	–	–	536,6	4,5	591,3	4,8
dar.: an Wirtschaftszweige[1]						
insgesamt	2994,6	100	5259,1	100	5237,0	100
darunter						
Herst. von Büromasch. u. ADV-Geräten	201,1	6,7	42,1[2]	0,8[2]	41,8[2]	0,8[2]
Elektrotechnik	524,6	17,5	725,7[2]	13,8[2]	722,7[2]	13,8[2]

Nach Angaben des Bundesbericht Forschung 1984.

[1] Ist-Zahlen.

[2] Schätzung mit Anteil von 1982.

Von den F&E-Aufwendungen des Bundes im Jahre 1984 in Höhe von 12,3 Mrd. DM (Soll) – entsprechend gegliederte Angaben stehen für die Länder nicht zur Verfügung – sind 533,4 Mill. DM (4,3%) zur Förderung der Informationstechnologien vorgesehen gewesen. Ergänzt man diese Summe um die Ausgaben im Schwerpunkt „Fachinformation" in Höhe von 68,3 Mill. DM, so ergibt sich ein Betrag von rund 600 Mill. DM oder rund 5% der gesamten Bundesaufwendungen. Diese Ausgaben erreichen nur etwa ein Viertel der für die Energieforschung vorgesehenen Förderungssumme, und sie sind niedriger als der für die Weltraumforschung (758 Mill. DM) angesetzte Betrag. Von den erwähnten 21 Schwerpunktprogrammen gehört das der Informationstechnik zu den großen Projekten, es rangiert hinsichtlich seiner finanziellen Ausstattung an fünfter Stelle – nach Energie, Wehrforschung, Ressortdienste und Weltraumforschung. Berücksichtigt man die Eigenart der Forschungsaufwendungen für Ressortdienste sowie für Verteidigung, so wird deutlich, daß trotz des geringen Anteils an den gesamten Forschungsaufwendungen die außerhalb der allgemeinen Grundlagenforschung und ressortbezogenen zivilen und militärischen Forschung verfügbaren Mittel in beachtlichem Umfang der Informationstechnik zufließen. Hierin äußert sich die hohe Priorität, die diesem Aufgabenfeld seitens der Forschungspolitik zugewiesen wird.

„In dem Konzept zur Förderung der Informationstechnik stehen wirtschaftliche Überlegungen im Vordergrund".[3] Unabhängig von der konkreten Intention und ihrer Begründung – auf sie wird später einzugehen sein – ist eine ökonomisch zu rechtfertigende Förderung der Informationstechnik wie auch jeder anderen Technik nur sinnvoll, wenn sie auf direktem oder indirektem Wege zu sparsamerem Umgang mit Arbeitskräften führt, so daß das Sozialprodukt je Kopf gesteigert wird. Sieht man von den F&E-Ausgaben des Bundes für Verteidigung und für die allgemeine Forschungsförderung ab, so dienen von den verbleibenden 8,2 Mrd. DM 1,9 Mrd. DM dem Forschungsziel: „Steigerung der industriellen Produktivität und Technologie." Im Rahmen dieser explizit auf Produktivitätssteigerung ausgerichteten Zielsetzung dürfte der Informationstechnologie eine überragende Bedeutung beigemessen werden. Wenngleich die vorliegenden Statistiken keine unmittelbare Zuordnung zulassen, kann aus der starken Förderung der Elektrotechnik und Elektromechanik (307 Mill. DM) im Rahmen dieser Zielsetzung gefolgert werden, daß die Forschungspolitik sich bewußt ist, daß die Förderung der Informationstechnologie – sofern sie erfolgreich ist – Produktivitätseffekte auslöst, wobei sie die Hoffnung hegt, daß die hierdurch geschaffenen zusätzlichen Produktionspotentiale – auf welchem Wege auch immer – absorbiert werden.

Soweit die F&E-Ausgaben des Bundes an die private Wirtschaft geflossen sind (5,2 Mrd. DM von 12,3 Mrd. DM), kommen sie vor allem der elektrotechnischen Industrie zugute. Neben dem Maschinenbau und dem Luftfahrzeugbau profitiert die elektrotechnische Industrie am stärksten von der Forschungsförderung des Bundes. Im Jahre 1984 flossen ihr auf diesem Wege schätzungsweise 723 Mill. DM zu, das sind rund 14% aller F&E-Ausgaben des Bundes an die private Wirtschaft. Es liegt auf der Hand, daß diese Einnahmen zum ganz überwiegenden Teil aus der staatlichen Förderung der Informationstechnik resultieren. Die entsprechenden Einnahmen der ADV-Branche betrugen zur gleichen Zeit etwa reichlich 40 Mill. DM.

[3] Informationstechnik, Konzeption der Bundesregierung zur Förderung der Entwicklung der Mikroelektronik, der Informations- und Kommunikationstechniken, hrsg. vom Bundesministerium für Forschung und Technologie, Bonn 1984, S. 44.

1.4 Die Forschungs- und Entwicklungspolitik in den Bundesländern

1.4.1 Zur Aufgabenverteilung zwischen Bund und Ländern bei der Forschungs- und Technologieförderung

Forschung wird in der Bundesrepublik an Universitäten und Hochschulen, in wissenschaftlichen Einrichtungen außerhalb der Universitäten und in der Privatwirtschaft betrieben und durch ein Netz von staatlichen Programmen gefördert. Gut 19 Mrd. DM haben der Bund und die Länder 1983 neben reinen Wissenschaftsausgaben für Forschung und Entwicklung verausgabt (vgl. Tabelle 2). Wichtigste Forschungsziele waren dabei die Bereiche Energie, Industrielle Technologie und Verteidigung. Diese Bereiche wurden überwiegend vom Bund gefördert (vgl. Tabelle 3). Schwerpunkte bei den F&E-Ausgaben der Länder waren neben der zu rund 75% von den Ländern getragenen Allgemeinen Forschungsförderung die Zielbereiche Landwirtschaft, Umwelt sowie Gesellschaft (Bildung, Arbeitswelt). Die Informationstechnologien, die dem Segment Industrielle Produktivität und Technologien zugehören, werden überwiegend mit Bundesmitteln gefördert. Regionale Schwerpunkte liegen dabei im Bereich der Mikroelektronik in Baden-Württemberg, Bayern, Berlin und neuerdings auch in Nordrhein-Westfalen und im Bereich Information zusätzlich in Rheinland-Pfalz und dem Saarland. Da der Bereich der Informationstechnologien innerhalb der Forschungsförderung bislang nur ein sehr geringes Gewicht hat, wird für die Darstellung der forschungspolitischen Konzeption in den Bundesländern auf die F&E-Förderung insgesamt Bezug genommen.

In die Finanzierung der einzelnen Maßnahmen der Forschungsförderung teilen sich der Bund und die Länder in jeweils unterschiedlichem Maß. So tragen beispielsweise der Bund und das jeweilige Sitzland die Kosten des Baus und der Erstausstattung von Universitäten je zur Hälfte, während die Bereitstellung von Personal und Sachmitteln vom jeweiligen Land allein aufgebracht werden muß. Der Finanzbedarf wird im Rahmen der institutionellen Förderung, die im wesentlichen die Finanzierung der Universitäten, Hochschulen und Großforschungseinrichtungen umfaßt, im allgemeinen ohne Festlegung bestimmter Forschungsfelder ermittelt. Im parallel dazu existierenden Bereich der projektgebundenen Förderung werden dagegen nur fachlich fest abgegrenzte Forschungsarbeiten gefördert. Die Deutsche Forschungsgemeinschaft, die Stiftungen sowie die Bundesressorts sind hierbei die wichtigsten Auftraggeber.

Die institutionelle und die projektgebundene Förderung stellen insgesamt aber nur ein Drittel der gesamten Forschungs- und Entwicklungsausgaben in der Bundesrepublik Deutschland dar. Mit 32,6 Mrd. DM im Jahr 1983 wird der weitaus größte Teil der Forschungs- und Entwicklungsausgaben im Bereich der Wirtschaft getätigt. Mit rund 5,6 Mrd. DM versuchten der Bund und die Länder in diesem Bereich Anreize zu schaffen, evtl. Risiken abzudecken und die Forschungsanstrengungen in bestimmte als wichtig erachtete Forschungsgebiete zu lenken. Aufgrund der Ausgestaltung der Programme sind die Adressaten dieser Fördermittel vor allem die Großunternehmen mit einer entsprechenden eigenen Forschungsinfrastruktur. Nach einer Untersuchung des Instituts für Systemtechnik und Innovationsforschung in Karlsruhe von 1978[1] konzentrieren sich diese Fördermittel auch regional auf wenige Ballungsräume (in Klammern jeweils

Tabelle 3

F&E-Ausgaben nach Forschungszielen – in Millionen DM –

	1975			1982			1983		
	Bund und Länder[1]	Bund[2]	Länder[3]	Bund und Länder[1]	Bund[2]	Länder[3]	Bund und Länder[1]	Bund[1]	Länder[3]
1. Erforschung und Nutzung der irdischen Umwelt	227,5	166,7	60,8	454,6	372,5	82,1	417,4	285,4	132,0
	100,0	73,3	26,7	100,0	81,9	18,1	100,0	68,4	31,6
2. Gestaltung der menschlichen Umwelt	326,5	343,3	–	663,5	606,2	57,3	617,7	585,7	32,0
	100,0			100,0	91,4	8,6	100,0	94,8	5,2
3. Schutz und Förderung der menschlichen Umwelt	542,1	527,0	15,1	1123,2	907,7	215,5	1117,7	953,7	164,0
	100,0	97,2	2,8	100,0	80,8	19,2	100,0	85,3	14,7
4. Erzeugung, Verteilung und rationelle Nutzung der Energie	1342,9	1394,5	–	3548,3	3116,8	431,5	3238,0	2882,5	355,5
	100,0			100,0	87,8	12,2	100,0	89,0	11,0
5. Landwirtschaftliche Produktivität und Technologie	239,2	145,3	93,9	383,4	189,7	193,7	400,8	194,7	206,1
	100,0	60,7	39,3	100,0	49,5	50,5	100,0	48,6	51,4
6. Industrielle Produktivität und Technologie	936,3	870,7	65,6	2256,9	1896,0	360,9	2105,6	1929,1	176,5
	100,0	93,0	7,0	100,0	84,0	16,0	100,0	91,6	8,4
7. Probleme des Zusammenlebens der Gesellschaft	621,2	436,7	184,5	739,2	539,2	200,0	718,7	555,8	162,9
	100,0	70,3	29,7	100,0	72,9	27,1	100,0	77,3	22,7
8. Weltraumforschung und -nutzung	539,9	523,9	16,0	806,7	733,4	73,3	830,5	806,2	24,3
	100,0	97,0	3,0	100,0	90,9	9,1	100,0	97,1	2,9
9. Verteidigung	1405,0	1449,9	–	1646,8	1665,8	–	1807,7	1829,2	–
	100,0			100,0			100,0		
10. Allgemeine Forschungsförderung	6557,7	1679,8	4877,9	7683,4	1878,1	5805,3	7931,3	2032,2	5899,1
	100,0	25,6	74,4	100,0	24,4	75,6	100,0	25,6	74,4
11. Insgesamt	12738,3	7537,7	5200,6	19306,0	11905,6	7400,4	19185,4	12054,5	7130,9
	100,0	59,2	40,8	100,0	61,7	38,3	100,0	62,8	37,2

Quelle: Bundesbericht Forschung 1984.

[1] Soll-Zahlen in Millionen DM.

[2] Ist-Zahlen in Millionen DM.

[3] Als Differenz ermittelt.

der Anteil an den öffentlichen Gesamtaufwendungen für Forschung und Entwicklung): München (9%), Berlin (8%), Hannover/Braunschweig (8%), Ruhrgebiet (8%), Köln/Bonn (7%), Rhein-Main-Gebiet (7%), Hamburg (6%), Stuttgart/Hohenheim (4%), Rhein-Neckar-Gebiet (3%).

Kleine und mittlere Unternehmen sind dagegen oft weder personell noch finanziell in der Lage, eigene Forschungsarbeiten zur Produkt- oder Prozeßinnovation durchzuführen. Sie können aber zur Abwicklung anstehender Forschungs- und Entwicklungsarbeiten auf die Hilfe der rund 90 branchenorientierten Gemeinschaftsforschungseinrichtungen zurückgreifen, die in der Arbeitsgemeinschaft industrieller Forschungsvereinigungen (AIF) zusammengeschlossen sind. Darüber hinaus zielt die Forschungs- und Entwicklungspolitik der Bundesländer auf eine Stärkung der Forschungs- und Entwicklungsanstrengungen der kleinen und mittelständischen Unternehmen ab. Insoweit hat sich im Verlauf der Förderpraxis in der Vergangenheit eine Kompetenzverteilung in der Forschungsförderung zwischen Bund und den Ländern dergestalt ergeben, daß der Bund die Großunternehmen und die Länder die kleinen und mittleren Betriebe fördern. Angesichts der besseren Kenntnis der Erfordernisse der mittelständischen Wirtschaft in den Bundesländern wird diese Aufgabenverteilung allgemein als vorteilhaft angesehen.

Betrachtet man das System der Forschungsförderung insgesamt, so bleibt vor dem Hintergrund dieser sehr weitreichenden und die Länder-, teilweise sogar die Bundesgrenzen überschreitenden Verflechtung der Institutionen im Forschungs- und Entwicklungsbereich den Bundesländern nur noch wenig Spielraum für eine eigenständige Konzeption der Forschungs- und Entwicklungspolitik. Die Ziele dieser Politik sind daher in den Bundesländern weitgehend identisch, Unterschiede zeigen sich allenfalls bei den Instrumenten, wobei erfolgversprechende Maßnahmen eines Landes relativ schnell auch in den anderen Ländern in mehr oder weniger modifizierter Form Anwendung finden. So werden beispielsweise mittlerweile in allen Bundesländern Technologieparks eingerichtet, und es ist nur eine Frage der Zeit, wann die in Baden-Württemberg und Bayern konzipierte Form der Beteiligungsfonds auch in den anderen Ländern angeboten wird. Generell scheinen die beiden südlichen Bundesländer eine gewisse Vorreiterrolle bei der Entwicklung neuer Instrumente inne zu haben.

Trotz der weitgehenden Identität der Ziele und den geringen Unterschieden bei den Instrumenten der Forschungspolitik zeigen sich doch Abweichungen in der regionalen Verteilung der Forschungs- und Entwicklungsaufwendungen zwischen den Bundesländern, wobei insbesondere von den Küstenländern ein Süd-Nord-Gefälle reklamiert wird. Diese Unterschiede sind aber zum einen auf historische Standortentscheidungen von Wissenschaftseinrichtungen und zum anderen auf die sektorale Struktur und Entwicklung der Wirtschaft zurückzuführen, in deren Folge die südlichen Bundesländer einen überproportional hohen Anteil an moderneren und forschungsintensiveren Branchen aufweisen. In weitaus größerem Umfang als etwaige unterschiedliche forschungspolitische Konzeptionen sind gerade diese sektoralen Schwerpunkte in den Ländern für Abweichungen in der praktischen Ausgestaltung der Forschungs- und Entwicklungspolitik verantwortlich.

1.4.2 Die Ausgestaltung der Forschungs- und Entwicklungspolitik in den Bundesländern

1.4.2.1 Die Wissenschaftsausgaben in den Ländern

Gemäß der geschilderten Aufgabenteilung zwischen dem Bund und den Ländern im Bereich der Förderung von Wissenschaft und Forschung werden auch die Kosten hierfür von den beteiligten Körperschaften getragen. An den gesamten Wissenschaftsausgaben der öffentlichen Hand sind die Länder mit rund 60% beteiligt, während der Bund knapp 40% trägt. An dieser Relation hat sich seit Mitte der siebziger Jahre kaum etwas verändert; ebenso ist der Anteil der Wissenschaftsausgaben am öffentlichen Gesamthaushalt mit rund 6% seit 1979 weitgehend konstant geblieben.

Zwischen den Bundesländern zeigen sich jedoch erhebliche Unterschiede in der relativen Höhe der Wissenschaftsausgaben. Mit einem Viertel der gesamten Ausgaben liegt Nordrhein-Westfalen seit 1970 unverändert an der Spitze der Länder, gefolgt von Baden-Württemberg und Bayern (vgl. Tabelle 4). Das Saarland und Bremen beenden diese Rangfolge, die insoweit in etwa auch der Wirtschaftskraft der Bundesländer – gemessen am Anteil des Bruttoinlandsprodukts – entspricht. Allerdings haben sich bezüglich der Wissenschaftsausgaben die Gewichte zwischen den Bundesländern seit 1970 leicht verschoben. Die Anteile von Nordrhein-Westfalen, Hessen und Baden-Württemberg sind leicht zurückgegangen, während sich vor allem die von Bayern und Niedersachsen leicht erhöht haben.

Tabelle 4

Wissenschaftsausgaben[1] der Länder
Anteile am Bundesgebiet in % 1970 bis 1983

	1970	1976	1977	1978	1979	1980	1981	1982	1983
Schleswig-Holstein	2,7	3,5	3,4	3,1	3,5	3,5	3,6	3,8	3,7
Hamburg	4,2	3,9	4,3	3,6	4,0	4,2	4,2	4,4	4,4
Niedersachsen	9,4	9,5	9,8	9,9	9,9	10,1	10,3	10,2	10,1
Bremen	0,3	1,0	0,9	0,8	0,9	0,9	1,0	1,0	0,9
Nordrhein-Westfalen	26,6	27,0	26,6	26,7	26,6	26,3	26,2	25,1	25,3
Hessen	11,1	9,9	9,6	9,9	9,6	9,4	9,5	9,4	9,6
Rheinland-Pfalz	3,6	4,0	4,0	4,0	3,9	4,0	4,0	4,1	4,0
Saarland	2,2	2,0	2,0	2,0	1,9	1,9	1,7	1,9	2,0
Baden-Württemberg	17,9	16,1	16,0	15,8	16,0	16,1	15,6	15,1	15,4
Bayern	14,6	14,8	15,2	15,3	15,1	15,1	15,2	15,4	15,8
Berlin	7,4	8,4	8,5	8,5	8,6	8,5	8,6	8,5	8,6
Bundesgebiet	100,0	100,0	100,0	100,0	100,0	100,0	100,0	100,0	100,0

Quelle: Bundesberichte Forschung V und 1984.

[1] Nettoausgaben; umfassen die gesamten Hochschulausgaben sowie die Ausgaben für Wissenschaft, Forschung und Entwicklung außerhalb der Hochschulen. Abweichungen in den Summen rundungsbedingt.

Bezieht man die Wissenschaftsausgaben jedes Landes auf die Einwohnerzahl oder das Bruttoinlandsprodukt, ergibt sich allerdings eine ganz andere Reihenfolge, die bei beiden Maßzahlen nun von Berlin angeführt wird (vgl. Tabelle 5). Nordrhein-Westfalen, das 1970 noch über dem Bundesdurchschnitt lag, ist 1982 deutlich unter den Durchschnitt gesunken, obwohl es weiterhin einen mittleren Platz einnimmt. Auffällig ist ferner der niedrige Anteil Bremens an den Wissenschaftsausgaben, der in deutlichem Gegensatz zu dem der anderen beiden Stadtstaaten Berlin und Hamburg steht. In diesen beiden Ländern haben sich eine Reihe von überregionalen Forschungseinrichtungen angesiedelt, so daß der Anteil dieser Städte an den Wissenschaftsausgaben je Kopf oder in Relation zum BIP heute weit über dem Bundesdurchschnitt liegt.

Tabelle 5

Wissenschaftsausgaben der Länder (ohne Gemeinden)[1]

Land	Wissenschaftsausgaben 1970 (Ist) Mio. DM	% BIP[2]	DM je Einw.	Wissenschaftsausgaben 1982 (Ist) Mio. DM	% BIP[2]	DM je Einw.
Schleswig-Holstein	151,2	0,65	61	776,9	1,34	297
Hamburg	283,9	0,84	158	913,5	1,17	560
Niedersachsen	634,6	0,94	90	2113,7	1,28	291
Bremen	20,5	0,19	28	197,1	0,82	286
Nordrhein-Westfalen	1796,1	0,93	106	5192,2	1,21	305
Hessen	748,2	1,20	139	1949,6	1,26	348
Rheinland-Pfalz	202,4	0,56	56	848,2	0,96	233
Saarland	134,6	1,33	120	391,7	1,51	370
Baden-Württemberg	1208,5	1,14	136	3331,0	1,32	359
Bayern	987,4	0,91	94	3181,5	1,14	290
Berlin (West)	500,0	1,92	236	1750,7	3,07	932
Bundesgebiet	5470,6	0,81	90	20645,7	1,28	335

Quelle: Bundesberichte Forschung V und 1984.

[1] Die Wissenschaftsausgaben wurden von den Länderfinanzministerien bzw. den Statistischen Landesämtern im Rahmen der Finanzstatistik gemeldet. Die Wissenschaftsausgaben umfassen die gesamten Hochschulausgaben sowie die Ausgaben für Wissenschaft, Forschung und Entwicklung außerhalb der Hochschulen.

[2] Anteil am Bruttoinlandsprodukt des jeweiligen Landes.

Ein ähnliches Bild zeigt sich auch bei den Mitteln des Bundesministers für Forschung und Technologie, die für die institutionelle Förderung, die direkte Förderung und seit 1982 für die indirekte Projektförderung (indirekt spezifische Förderung) in die Bundesländer fließen (vgl. Tabelle 6). Auffallend ist allein der überproportional hohe Anteil Baden-Württembergs an allen drei Förderarten, der darauf schließen läßt, daß es diesem Bundesland gelungen ist, eine weitreichende, die Hochschulen, Institute und Wirtschaftsunternehmen umfassende Forschungsinfrastruktur zu schaffen.

Tabelle 6

Förderung von Forschung und Entwicklung
Abfluß BMFT-Mittel in den Bundesländern[1] nach Förderarten
Anteile der Förderarten am Mittelabfluß insgesamt 1979 bis 1983

	1979	1980	1981	1982	1983
Schleswig-Holstein					
Institutionelle Förderung	1,4	1,7	1,7	1,3	1,5
Direkte Projektförderung	0,8	2,0	2,7	2,2	1,4
Indirekte Projektförderung				0,0	0,1
Hamburg					
Institutionelle Förderung	2,5	2,6	2,4	2,1	2,4
Direkte Projektförderung	2,1	2,4	2,1	2,2	1,9
Indirekte Projektförderung				0,1	0,1
Niedersachsen					
Institutionelle Förderung	3,2	3,4	3,5	3,0	3,5
Direkte Projektförderung	3,6	4,3	4,4	4,3	4,1
Indirekte Projektförderung				0,1	0,1
Bremen					
Institutionelle Förderung	0,1	0,2	0,3	0,3	0,6
Direkte Projektförderung	0,9	0,9	1,1	1,0	1,3
Indirekte Projektförderung				0,0	0,0
Nordrhein-Westfalen					
Institutionelle Förderung	11,8	9,8	9,3	7,8	9,0
Direkte Projektförderung	20,6	20,2	20,0	23,2	18,5
Indirekte Projektförderung				0,3	0,6
Hessen					
Institutionelle Förderung	2,1	2,1	2,2	1,9	2,2
Direkte Projektförderung	4,6	4,2	3,7	3,4	3,3
Indirekte Projektförderung				0,2	0,3
Rheinland-Pfalz					
Institutionelle Förderung	0,1	0,1	0,1	0,1	0,2
Direkte Projektförderung	0,6	0,5	0,5	0,4	0,5
Indirekte Projektförderung				0,0	0,1
Saarland					
Institutionelle Förderung	0,0	0,1	0,1	0,1	0,1
Direkte Projektförderung	1,3	1,7	1,7	1,8	1,1
Indirekte Projektförderung				0,0	0,0
Baden-Württemberg					
Institutionelle Förderung	13,6	13,4	13,1	11,6	12,8
Direkte Projektförderung	10,6	9,8	9,9	12,6	12,7
Indirekte Projektförderung				0,4	0,6
Bayern					
Institutionelle Förderung	4,1	5,9	6,0	5,3	6,2
Direkte Projektförderung	11,1	9,8	10,0	10,2	10,2
Indirekte Projektförderung				0,3	0,5
Berlin					
Institutionelle Förderung	2,0	2,0	2,1	2,1	2,6
Direkte Projektförderung	2,7	2,7	2,8	1,5	1,7
Indirekte Projektförderung				0,1	0,1
Bundesgebiet					
Institutionelle Förderung	41,1	41,5	40,8	35,7	41,0
Direkte Projektförderung	38,9	58,5	59,2	62,9	56,4
Indirekte Projektförderung				1,4	2,6
nachrichtlich:					
Mittelabfluß insg. (Mio. DM)	4899,6	5025,5	5263,9	6251,5	5840,7

Quelle: BMFT.

[1] Stand 31. 12. 1983.

1.4.2.2 Forschungsschwerpunkte und Förderinstrumente in den Bundesländern

Trotz der Unterschiede in der relativen Höhe der Wissenschaftsausgaben zwischen den Bundesländern bleiben aber – angesichts der bereits oben erwähnten überregionalen Verflechtung der Forschungseinrichtungen und Forschungsinhalte – für eine eigenständige Forschungs- und Entwicklungspolitik in den Bundesländern nur wenig Gestaltungsmöglichkeiten. Zwar unterscheidet sich die Forschungs- und Entwicklungspolitik in den Bundesländern zum Teil hinsichtlich der Forschungsschwerpunkte und zum Teil hinsichtlich der angewandten Instrumente, gravierende konzeptionelle Unterschiede sind jedoch kaum auszumachen. Hinzu kommt, daß die feststellbaren Unterschiede bei den Forschungsschwerpunkten in den Bundesländern zum Teil nicht durch die Landespolitik selbst, sondern durch die überregionalen Träger der Forschungseinrichtungen wie die Deutsche Forschungsgemeinschaft oder die Max-Planck-Gesellschaft bestimmt werden. Dabei spielen oft praktische Notwendigkeiten eine größere Rolle als konzeptionelle Gesichtspunkte einer Landesregierung. So sind beispielsweise die Meeresforschung, die Antarktisforschung, die Schiffstechnik, die nautische und die maritime Technik aus überwiegend geographischen Gründen schwerpunktmäßig in den vier norddeutschen Küstenländern angesiedelt. Mikroelektronik, Energieforschung, Biotechnik, Informations- und Kommunikationstechnologie, Polymerforschung und die Rohstoff- sowie Werkstofforschung sind dagegen schwerpunktmäßig in den südlichen Bundesländern angesiedelt, während Nordrhein-Westfalen Schwerpunkte bei der Kohle- und Stahlforschung sowie bei den Umwelttechnologien hat. Allerdings wird ein Teil der länderweisen Forschungsschwerpunkte mittlerweile auch in den anderen Ländern gefördert, da auch dort angenommen wird, daß dies der regionalen Wirtschaft Wettbewerbsvorteile verschafft. Desgleichen sind die medizinischen Forschungsschwerpunkte weitgehend gleichmäßig über die Bundesrepublik verteilt. Die Sozialverträglichkeit neuer Technologien und die Humanisierung der Arbeitswelt bilden Schwerpunkte in Hessen, Nordrhein-Westfalen und Bremen. Um hier wirkliche Differenzierungen sichtbar machen zu können, müßte eine vergleichende Analyse der Haushaltsansätze für die einzelnen Schwerpunktprogramme erfolgen, die aber über den Rahmen dieser Untersuchung hinausgeht. Angesichts der zwischen den Bundesländern größtenteils unkoordinierten Maßnahmen stellt sich allerdings die Frage, ob damit im Bereich der Spitzentechnologie überhaupt „kritische Massen", d. h. weltweit führende Positionen erreicht werden können.

Die von den Ländern betriebene Technologiepolitik, d. h. die Förderung der Entwicklung und Anwendung neuer Technologien in der Wirtschaft, ist in Ergänzung zu den Fördermaßnahmen des Bundes zu sehen, die – wie bereits oben ausgeführt – sich überwiegend an die Großindustrie wendet. Die Politik in den Ländern ist aus diesem Grund weitgehend mittelstandsorientiert. Sie versteht sich als Hilfe zur Selbsthilfe und ist auf die Bedürfnisse der Klein- und Mittelbetriebe ausgerichtet. Angesichts der knappen oder gar nicht vorhandenen Forschungskapazitäten im Bereich der mittelständischen Wirtschaft besteht hier der größte Engpaß in der Vermittlung neuer technologischer Entwicklungen und deren Anwendung. Zu diesem Zweck sind in allen Bundesländern Beratungsstellen und sogenannte Technologietransferstellen eingerichtet worden (vgl. Übersicht 1). Diese sind entweder den Hochschulen oder den Industrie- und Handelskammern sowie den Handwerkskammern angeschlossen. In diesen Bereich gehört auch die Beratung bei kaufmännischen Problemen und in Managementfragen, mit denen insbesondere Unternehmensgründer konfrontiert sind. Um hier auch Hilfestellungen finanzieller Art geben zu können, sind in den meisten Bundesländern hierfür eigene Programme aufgelegt worden, die durch die Gewährung von Zuschüssen, Darlehen oder Bürgschaften die finanziellen Risiken einer technologieorientierten Unternehmensgründung oder -erweiterung abdecken helfen. Eine weitere Entwicklung in diesen Bereichen sind die sogenannten Beteiligungsfonds, die aus ihren Einlagen Risikokapital für technologieorientierte Unternehmen zur Verfügung stellen.

Übersicht 1

Instrumente der Technologiepolitik der Bundesländer

	Baden-Württemberg	Bayern	Berlin	Bremen	Hamburg	Hessen	Niedersachsen	Nordrhein-Westfalen	Rheinland-Pfalz	Saarland	Schleswig-Holstein
1. Technologieberatung											
Kontaktstellen bei											
– IHK	x	x	x	x	x	x	x	x	x	x	x
– Hochschulen	x				x			x			x
– sonstigen Einrichtungen	x	x		x	x		x	x		x	x
Fachberatung über											
– neue Technologien	x	x	x	x	x		x	x	x		x
– Management	x		x					x			
2. Technologieprogramme											
a) Förderung wirtschaftlicher Forschung außerhalb der Untern.		x							x		
b) Förderung von FuE innerhalb der Unternehmen											
– Produktentwicklung	x	x	x		x		x	x	x	x	x
– Einsatz neuer Technologien	x	x	x		x		x	x	x	x	x
c) Technologieparks		x									
3. Kapitalhilfen											
– Darlehen		x	x				x	x		x	
– Beteiligungen	x	x	x							x	
– Bürgschaften	x			x	x		x			x	
– Risikokapital								x			
– Kreditgarantierungseigensch.	x	x	x	x	x	x	x	x	x	x	
4. Information, Dokumentation		x		x				x	x		x

Quelle: BMFT, Ratgeber Forschung und Technologie. – Berichtsstand 1983.

Alle Bundesländer haben darüber hinaus Technologieprogramme aufgelegt, die mit Zuschüssen oder Darlehen Forschungs- und Entwicklungsarbeiten in der mittelständischen Wirtschaft fördern, soweit sie nicht in die Bundesprogramme fallen. Eine Aus-

nahme bildet hier das Land Hessen, das kein eigenes Technologieprogramm aufgelegt hat. Dies ist u. a. mit darauf zurückzuführen, daß das Land 1983 mit einem sogenannten Nothaushalt regiert wurde, aus dem nur gesetzliche Maßnahmen finanziert werden konnten, so daß es in dieser Zeit nicht möglich war, mit finanziellen Mitteln ausgestattete Programme aufzulegen. So beschränkt sich in Hessen die Technologiepolitik auf die Aktivitäten der Wirtschaftsförderungsgesellschaft sowie einer mittelständischen Beteiligungsgesellschaft, die unter Mithilfe der Banken und Verbände Risikokapital für innovative Unternehmen zur Verfügung stellt.
Ein weiteres Mittel der Technologiepolitik ist die Einrichtung von Technologieparks, die mittlerweile in fast allen Bundesländern eingerichtet bzw. geplant sind. Diese Einrichtungen, auch Gründerzentrum, Technologiezentrum oder Forschungsparks genannt, sollen durch die Bereitstellung von Räumen und diversen Serviceleistungen, wie z. B. die gemeinsame Nutzung von Telefonzentralen oder Sekretariaten oder Computern, die Voraussetzung schaffen, daß technologisch innovative Entwicklungen zur wirtschaftlichen Verwertbarkeit gelangen. Dabei werden die Technologiezentren aber häufig in den Dienst der regionalen Wirtschaftspolitik gestellt, um auf diese Weise eine Umorganisation der regionalen Wirtschaftsstruktur in strukturschwachen Gebieten zu erleichtern.
In letzter Zeit versuchen einige Länder auch, Einfluß auf Industriebeteiligungen zu nehmen, um die landeseigenen Industriestrukturen zu beeinflussen. Damit sollen alte Arbeitsplätze erhalten und neue geschaffen werden. Darüber ist eine Kontroverse entbrannt.[4] Auch hier handelt es sich um Maßnahmen innerhalb der regionalen Strukturpolitik, wobei die Aufgabe dieser Politik in einer sozialen Marktwirtschaft, Anpassungsverzögerungen zu beseitigen, um soziale Verhältnisse zu stabilisieren, nicht verkannt werden darf. Als Grundsatz hat die Hilfe zur Selbsthilfe zu gelten sowie das Subsidiaritätsprinzip. Das wird im einzelnen in Kapitel 4 behandelt.

[4] Vgl. Lambsdorff, O., Ein Hase- und Igel-Wettlauf zwischen den Bundesländern, in: Die Welt v. 11. 1. 1986; Strauß, F. J., Diffamierung der staatlichen Vermittlerrolle, in: Die Welt v. 20. 1. 1986.

2. Die Informationstechnologie im internationalen Wettbewerb

2.1 Zur Diskussion um die „technologische Lücke“

Schon einmal, Ende der fünfziger und Anfang der sechziger Jahre, war die Diskussion um die technologische Lücke zwischen den USA und der übrigen Welt aufgeflammt.[5] Sie verstummte dann, insbesondere angesichts der anhaltenden Exporterfolge der Bundesrepublik Deutschland und insbesondere angesichts der zunehmenden Präsenz japanischer Produkte auf dem Weltmarkt.

Neuerdings ist die Diskussion wieder angefacht worden. Ausgangspunkte waren die anhaltende Investitionsschwäche und Produktivitätsschwäche der deutschen Wirtschaft sowie die spektakulären Importeinbrüche der Japaner und der USA bei einigen Schlüsselbranchen. Ganze Branchen sind entweder dem Importdruck erlegen (Kameraindustrie, Motorradindustrie), oder in für den technologischen Fortschritt besonders relevanten Sektoren Büromaschinen und Datenverarbeitung, elektronische Bauelemente und Unterhaltungselektronik ist die Bundesrepublik Deutschland inzwischen zum Nettoimporteur geworden. Spektakuläre Produkte sind Datenverarbeitungsanlagen (Dominanz der Amerikaner) und Videogeräte (Dominanz der Japaner).

Eine Untersuchung über die möglichen Ursachen der vermuteten technologischen Lücke zwischen Unternehmen der Bundesrepublik Deutschland einerseits und den japanischen und US-amerikanischen Unternehmen andererseits[6] führte zunächst zu der Feststellung, daß die deutsche Position, was die Entwicklung des Innovationspotentials betrifft (Ausgaben für Forschung und Entwicklung, gemessen am Bruttosozialprodukt, in der Forschung tätige Personen, Ausstattung mit qualifizierten Arbeitskräften), durchaus mit den genannten Konkurrenzländern schritthalten konnte.[7] Offenbar sind aber Verzögerungen in der Umsetzung des Potentials in Investitionen aufgetreten („Investitionsschwäche“). Die gesamten Investitionen blieben im Wachstum noch hinter dem ohnehin mäßigen Anstieg des Sozialprodukts zurück: Die Investitionsquote sank von knapp 27% Mitte der sechziger Jahre auf knapp 20% in 1982. Indessen sind in allen wichtigen Konkurrenzländern die Investitionsquoten zurückgegangen, wie Abbildung 1 ausweist. Die Vermutung liegt jedoch nahe, daß „spezifische Investitionsschwächen“ in der Bundesrepublik Deutschland aufgetreten sind. Die Investitionstätigkeit erschöpfte sich während der siebziger Jahre nämlich über lange Zeit in Ersatz- und Rationalisierungsinvestitionen. Innovative Erweiterungsinvestitionen wurden vernachlässigt. Es fehlten die nötigen Anpassungsinvestitionen an zwei Tatbestände:

(a) Durch den drastischen Anstieg des Ölpreises und der Preise der übrigen Energiestoffe hätten mehr Investitionen zur Steigerung der Effizienz der Energienutzung, zur Öl-Substitution und zur Umstrukturierung des Produktionsprozesses in Rich-

[5] Vgl. hierzu Majer, H., Die „Technologische Lücke“ zwischen der Bundesrepublik Deutschland und den Vereinigten Staaten von Amerika, Tübingen 1973.

[6] Oppenländer, K. H., Investitionen und Produktivität – Erfordernisse und Perspektiven, in: Ifo-Schnelldienst Nr. 24/25 v. 6. 2. 1982.

[7] So auch der Sachverständigenrat zur Begutachtung der gesamtwirtschaftlichen Entwicklung, Jahresgutachten 1981/82, Stuttgart und Mainz 1981, S. 195ff.

tung auf Produkte zur Energieeinsparung und Produkte mit niedrigerem Energieverbrauch vorgenommen werden müssen.

(b) Angesichts der Bedrohung der deutschen Wettbewerbsposition durch die japanische Konkurrenz hätten bei der Anwendung von Schlüsseltechnologien wie der Mikroelektronik sowohl in der Automatisierung der Produktion als auch in der Anwendungsbreite der Produkte größere Fortschritte erzielt werden müssen.

Daraus ist eine mangelnde Investitionsdynamik abzuleiten, die auf die verzögerte Anpassungsreaktion der Investoren zurückgeht. Möglicherweise hing dieses Verhalten mit der anhaltenden Rückläufigkeit der Gewinne in diesem Zeitraum zusammen. Das gedrückte Niveau der Rentabilität behinderte die Selbstfinanzierung. Weniger Investitionen in Sachkapital sind darum zurückzuführen auf eine geringere Ausstattung der Unternehmen mit Risikokapital. Hinzu kommt die restriktive Investitionspolitik der öffentlichen Hand, die es versäumte, rechtzeitig Infrastrukturinvestitionen bereitzustellen, die als Komplementärinvestitionen zu den Investitionen im Unternehmenssektor zu sehen sind.[8]

Inzwischen hat sich die Situation bereinigt:

- die Investitionsquote im Unternehmenssektor beginnt wieder zu steigen,
- die Gewinne sind eindeutig nach oben gerichtet,
- die öffentlichen Investitionen werden wohl 1985 erstmals wieder zunehmen.

Die Frage bleibt zu klären, wie sich die deutsche Position im hochtechnologischen Bereich, der mit der informationstechnischen Branche weitgehend identisch ist, entwikkelt hat. Wenn hier empirische Messungen durchgeführt werden sollen, dann haben sie an theoretischen Implikationen anzusetzen.

Die reine Theorie des internationalen Handels stellt die These in den Mittelpunkt, Exporterfolge gelängen in erster Linie durch Leistungen auf technologischem Gebiet. Dieser „Neo-Technology-Approach“[9] weist auf die Bedeutung komparativer Kostenvorteile für den Standortvorteil eines Landes hin, also günstige Kombination und hohe Humankapitalintensität, ebenso wie auf die Produktzyklushypothese, wonach es darauf ankommt, ständig neue Produkte auf den Markt zu bringen, um den Produktzyklus alter Produkte zu unterlaufen. Damit werden Erfolge in Prozeß- und Produktinnovationen zum wichtigsten Kriterium.

Auf der Grundlage der theoretischen Überlegungen bieten sich zwei empirische Meßkonzepte an:

(a) Messung der „Technologiehaltigkeit“ der exportierten Güter;

(b) Messung des Technologietransfers an der Häufigkeit von Auslandspatenten.

[8] Henn weist hierauf richtigerweise hin (vgl. Henn, R., Laudatio anläßlich der Verleihung der Ehrendoktorwürde an Herrn Ministerpräsident Lothar Späth am 22. Juni 1984, in: R. Henn, L. Späth, H. Lübbe, G. Krüger (Hrsg.), Beschäftigung und Technologietransfer, Königstein/Ts. 1985). Auf S. 12 heißt es: „Im Späthschen Modell geht es um eine Förderung von Anpassungsprozessen, d. h. um gezielte, zukunftsorientierte Angebotsstützung. Dabei fällt dem Staat die Aufgabe zu, durch Schaffung von Infrastruktur eine Starthilfe für neue Technologien zu geben“. Nicht außer acht lassen sollte man aber auch die seitherige grundlegende Änderung in der „Investitionslandschaft“: Sowohl die Unternehmerinvestitionen als auch die öffentlichen Investitionen zeigen eine deutlich nach oben gerichtete Tendenz.

[9] Vernon, R. (Hrsg.), The Technology Factor in International Trade, New York und London 1970.

Abb. 1

Investitionsentwicklung im internationalen Vergleich

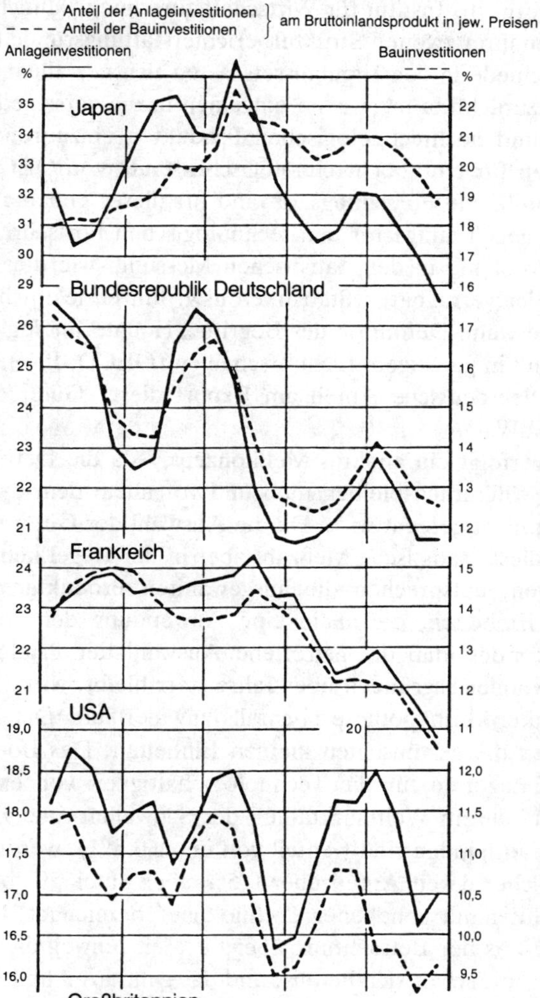

Quelle: OECD, National Accounts, Berechnungen des Ifo-Instituts.

Zu (a):
In letzter Zeit wurden Daten von der OECD, vom BMWi,[10] der Deutschen Bundesbank[11] und von drei Wirtschaftsforschungsinstituten (HWWA-Institut für Wirtschaftsforschung, Hamburg, Ifo-Institut für Wirtschaftsforschung, München, Institut für Weltwirtschaft, Kiel) in ihrer zweiten Strukturberichterstattungsrunde (Ende 1983)[12] präsentiert. Die Unterschiede in den Ergebnissen lassen sich vor allem auf die unterschiedliche Abgrenzung zurückführen, was im einzelnen in die verschiedenen Kategorien von niedrig-, mittel- und hochtechnologischen Produkten einzuordnen ist. Beispielsweise wird als Definition für ein „hochtechnologisches Gut" von OECD, HWWA und IfW der überdurchschnittliche Forschungsaufwand für dieses Gut herangezogen. Die Bundesbank wählt dagegen einige für den technologischen Fortschritt spektakuläre Bereiche aus. Auch Probleme in der statistischen Messung, wie die Wahl der Vergleichsjahre, die Wahl der verfügbaren Statistiken usw. führen letztlich zu unterschiedlichen Ergebnissen. Eine weite Definition des Begriffs „Hochtechnologie" läßt die Bundesrepublik Deutschland in günstigem Licht erscheinen (OECD, IfW). Eine enge Definition führt dazu, daß der deutsche Anteil am Export dieser Güter deutlich rückläufig ist (Bundesbank, HWWA).
Das Ifo-Institut verfolgt ein anderes Meßkonzept,[13] da die Definition von technologischen Produkten willkürlich bleiben muß und vor allem dem dynamischen Charakter der Fragestellung nicht gerecht wird: Da die Auswahl der Güter nach ihrer FuE-Intensität erfolgt, für diese statistische Meßzahl aber in der Regel keine tief disaggregierten Angaben vorliegen, entsprechen die ausgewählten Produktgruppen auch nicht der Ebene kleinster Einheiten, die allein eine Anwendung der Produktzyklushypothese erlaubt. Hinzu kommt, daß die getroffene Auswahl der Produktgruppen (wenn sie gelingt) aus Zeitvergleichsgründen über Jahre starr bleibt, was dem dynamischen Charakter der Produktzyklushypothese ebenfalls zuwiderläuft. Die Außenhandelsstatistik vermittelt dagegen die gewünschten kleinen Einheiten. Das Ifo-Institut benutzt diese Statistik dazu, Kategorien für die Technologiehaltigkeit von exportierten Gütern zu definieren. Güter, die im Weltmarktanteil der Schwellen- und Entwicklungsländer so gut wie gar nicht vorhanden sind (Anteil von unter 0,5%), werden als „Hochtechnologiegüter" und solche, deren Anteil über 0,5% aber unter 5% beträgt, werden in der Ifo-Studie als „Güter mit gehobener Technologie" bezeichnet. Der „Warenkorb" ändert sich ständig, was der Betrachtung über die Zeit hinweg die angestrebte Dynamik verleiht. Als Ergebnis schält sich heraus, und das geht aus Abbildung 2 hervor, daß die Bundesrepublik Deutschland ihren Anteil von etwa 20% bei Hochtechnologiegütern im Weltexport seit 1970 halten konnte, daß aber Japan in dieser Zeit aufgeschlossen hat. Die USA verloren bei diesen Gütern Anteile, konnten aber bei Gütern mit gehobener

[10] BMWi, Hochtechnologien und internationale Wettbewerbsfähigkeit der deutschen Wirtschaft, Bonn 1984, S. 12ff.
[11] Deutsche Bundesbank, Geschäftsbericht für das Jahr 1983, S. 59ff.
[12] Strukturberichterstattung 1983 von HWWA, Ifo und IfW.
[13] Vgl. Gerstenberger, W., Die Wachstumsschwäche der deutschen Wirtschaft – ungünstige Rahmenbedingungen oder nachlassende Anpassungsdynamik? In: Ifo-Schnelldienst Nr. 10/84 v. 6. 4. 1984, S. 15ff.

Technologie stark aufholen und liegen hier mit 21% Anteil an der Spitze (Bundesrepublik Deutschland: 18%, Japan: 13%).
Dem bisherigen Meßkonzept wird nachgesagt, es bezöge sich auf Vergangenes. Man könne aus der Vergangenheit aber nicht unbedingt einen Trend ableiten; eine Trendextrapolation könnte geradezu in die Irre führen.
Zu (b):
Das zweite Meßkonzept, das hier vorgeführt wird, ist gleichzeitig ein Versuch, einen Frühindikator für technologische Entwicklungen einzuführen.
Als ein solcher Frühindikator bietet sich die Patentanmeldung an, die, in Anzahl und Inhalt erfaßt, Auskunft geben kann über den zukünftigen Fluß technischer, forschungsgestützter Erfindungen in einem Land. Denn die Unternehmen sind durchaus daran interessiert, wertvolle FuE-Ergebnisse (das „Wertvolle" wird an der Erfindungshöhe gemessen, die eine der Voraussetzungen für die Patenterteilung ist) durch die Patentanmeldung abzusichern. Um sicherzustellen, daß es sich um „ernstzunehmende" Anmeldungen handelt, die zur Anwendung gelangen (keine Sperr- oder Vorratspatente), sind in die Betrachtung nur Auslandspatentanmeldungen einzubeziehen, da davon ausgegangen werden kann, daß die hier anfallenden hohen Kosten der Anmeldung und der Pflege der Patente nur in Kauf genommen werden, wenn ein entsprechender wirtschaftlicher Nutzen dahintersteht. Die technologische Entwicklung wird also am weltweiten Technologietransfer gemessen.
Das Ifo-Institut hat auf der Grundlage der Datenbank von INPADOC eine Patentstatistik erstellt,[14] die aufschlußreiche Ergebnisse hinsichtlich der internationalen technologischen Wettbewerbsfähigkeit wichtiger Welthandelsländer liefert. Aus Tabelle 7 wird deutlich,[15] daß die US-Unternehmen, gemessen an ihren Auslandspatentanmeldungen, die stärkste Position im internationalen Innovationswettbewerb innehaben, gefolgt von den Unternehmen der Bundesrepublik Deutschland. Aus der Veränderung der Zahl der Auslandspatentanmeldungen im Zeitraum 1976 bis 1981 im Vergleich zum Zeitraum 1972 bis 1975 ist abzulesen, daß die Anstrengungen der US-amerikanischen Unternehmen und insbesondere japanischer Unternehmen im Weltmaßstab überdurchschnittlich waren. Die deutschen Unternehmen haben ihren Anteil an den Auslandspatentanmeldungen lediglich halten können, ihn aber nicht ausgeweitet.
Weiteren Aufschluß über Stand und Stärke der Innovationsaktivität auf dem Hochtechnologiesektor vermitteln die erfaßten Schlüsselpatente. Als Schlüsselpatente wurden solche bezeichnet, die – offenbar wegen ihrer Bedeutung – in einer Vielzahl von Ländern zur Anmeldung gelangten (als Mindestgrenze wurden die Anmeldungen in 15 Ländern angesetzt). In Tabelle 7 wird die dominierende Stellung der Forschung in US-amerikanschen Unternehmen verdeutlicht, vor allem auch die wachsenden FuE-Anstrengungen. Aus diesen Zahlen könnte „ein deutliches Zurückbleiben der deutschen Spitzenforschung" konstatiert werden.[16] Ergänzt werden sollte diese Betrachtungsweise

[14] Faust, K. und Schedl, H., Internationale Patentdaten: Ihre Nutzung für die Analyse technologischer Entwicklungen, in: K. H. Oppenländer (Hrsg.), Patentwesen, technischer Fortschritt und Wettbewerb, Berlin–München 1984, S. 151ff.
[15] Vgl. Gerstenberger, W., Die Wachstumsschwäche a.a.O. S. 18.
[16] Gerstenberger, W., Die Wachstumsschwäche a.a.O. S. 18.

Abb. 2

Messung der internationalen Wettbewerbsfähigkeit nach der Technologiehaltigkeit der Exportgüter

Struktur des Industriegüter-Exports[1] nach der Technologieintensität

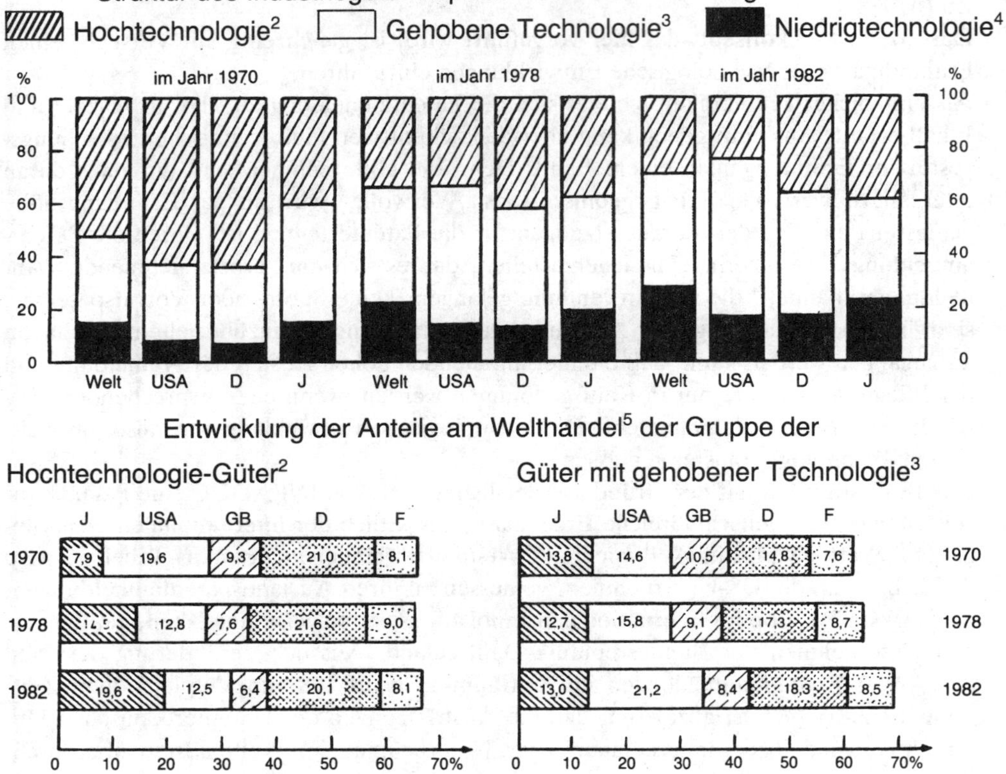

J = Japan GB = Großbritannien D = Bundesrepublik Deutschland F = Frankreich

[1] SITC-Teile 5–9, ohne SITC-Gruppen 611, 613, 621, 661, 896, einschl. 233, 266.
Gütergruppen (kleinste Erfassungseinheiten der SITC) mit einem Anteil der Entwicklungs- und Schwellenländern am OECD-Import von

[2] bis zu 0,5%

[3] mehr als 0,5%, aber weniger als 5%

[4] 5% und mehr

[5] Exporte der OECD-Länder und Importe aus Nicht-OECD-Ländern

Quelle: Statistics OECD, Paris, Berechnungen des Ifo-Instituts.

noch durch die Frage nach der Informationstechnik. Die Auslandspatentanmeldungen können aufgeteilt werden in solche, die wachsende, und in solche, die schrumpfende Technologiefelder charakterisieren. Die japanischen Anmelder weisen bei wachsenden Technologiefeldern überdurchschnittliche Aktivitäten auf (bezogen auf ihre Weltaktivitäten), hervorgerufen vor allem durch ihren Anmeldeeifer auf dem Gebiet der Elektronik. Der Abstand zur bisher schon schwachen deutschen Position auf diesem Feld hat sich damit noch vergrößert.

Tabelle 7

Internationaler Vergleich der Patentaktivitäten

Zeitraum der Erstanmeldung: 1976–1981
Anteile in %

Herkunftsland	Auslands-patent-anmeldungen insgesamt[1]	Schlüssel-patente[2]	Veränderung im Vergleich zum Zeitraum 1972–1975 in %: Auslands-patent-anmeldungen insgesamt[1]	Veränderung im Vergleich zum Zeitraum 1972–1975 in %: Schlüssel-patente[2]
USA	30,8	36,5	67,1	102,8
Bundesrepublik Deutschland	21,3	16,0	60,3	32,8
Japan	10,0	3,1	88,0	73,4
Großbritannien	9,3	10,9	47,2	72,8
Frankreich	8,0	7,5	61,8	52,6
Übrige Länder	20,6	26,0	56,9	63,3
Welt insgesamt	100,0	100,0	62,8	69,6
nachrichtlich:				
Anzahl	1530213	33595		

[1] Die Auswertung beschränkt sich durch Begrenzung der Sachgebiete auf ca. 70% der Weltpatente.
[2] Die Erfindung wurde weltweit mindestens 15mal zum Patent angemeldet.

Quelle: INPADOC: Berechnungen des Ifo-Instituts.

2.2 *Analyse der deutschen Situation*

2.2.1 Identifizierung von Schwachstellen

Aus der bisherigen Betrachtung der vermeintlichen oder tatsächlichen „technologischen Lücke" sollte der Schluß gezogen werden, daß, insgesamt und im Augenblick gesehen, keine Einbußen in der internationalen Wettbewerbsfähigkeit der deutschen Wirtschaft festzustellen sind. Es ist aber auch zu konstatieren, daß diese Wettbewerbsfähigkeit in Zukunft gefährdet sein könnte. Aufgezeigt worden ist immerhin, daß in hochdynamischen Bereichen, vor allem in der Informationstechnologie, Schwächen oder Rückstände bei deutschen Unternehmen oder in der Bundesrepublik Deutschland vorhanden sind. Eine Analyse der deutschen Situation führt zu drei Schwachstellen:
– die Forschungsphilosophie der Unternehmen,
– die Neugründung von Technologiefirmen,
– die Rolle des Staates

2.2.2 Zur Forschungsphilosophie der Unternehmen

Deutsche Unternehmen zeigten, so heißt es,[17] eine Defensivhaltung gegenüber strategischen Forschungsfeldern. Aufgezählt werden diejenigen Bereiche, in denen die USA und Japan große Erfolge haben, vor allem die Mikroelektronik. Sie wurde in der Bundesrepublik Deutschland mehr als Substitutionstechnologie gesehen, während die Möglichkeit neuer und wesentlich kostengünstiger Anwendungen zunächst nicht erkannt wurde. Auch hatten traditionelle Forschungsgebiete, wie die Präzisionsmechanik, Vorrang. Einstweilen versuchen deutsche Firmen, ihren Rückstand über Kooperationen aufzuholen. Im Falle der Mikroelektronik führt das zu einer Abhängigkeit von US- und japanischen Firmen. Die Konkurrenz auf dem Gebiet der Mikroelektronik spitzt sich immer mehr zwischen Japan und USA zu. Deutschland ist aus dem Rennen.
Angeführt werden kann, daß in USA Telekommunikationsleistungen der zweiten Generation eingesetzt werden (vgl. Übersicht 2) und mit der dritten Generation bereits experimentiert wird, während insbesondere Europa „noch in den Kinderschuhen der ersten Generation steckt".[18]

Übersicht 2

Die drei Generationen von Telekommunikationsdiensten

Kommunikationsart	Dienste (1. Generation) Heutige Grundfernmeldeinfrastruktur	Neue Dienste (2. Generation) Ausbau der Grundfernmeldeinfrastruktur	Fortgeschrittene Dienste (3. Generation) Neue Fernmeldeinfrastruktur
Interaktions-Kommunikation	– Fernsprechen – Telex, Teletex – Niedrig-Geschwindigkeitsdaten – Beweglicher Funk – Niedrig-Geschwindigkeitsfernkopieren	– integrierte Basisdienste mit Erhöhung der Geschwindigkeit (ISDN) – Digitizierte Sprache – Textfax – Audiographik Telekonferenz – Elektronische Post – Höhere Verfügbarkeit beweglicher Funkdienste – Höhere Auflösung Bildschirmtext	– Videofernsprechen – Videokonferenz – Schnelles Fernkopieren – Massendokumentübertragung – Hoch-Geschwindigkeitsdaten – On-line Graphikentwurf – Verteiltes Druck- und Verlagswesen – Dynamische Computerzeitverteilung – Burst-mode host to host Übertragung
Rundfunk-Kommunikation	– Rundfunk – Fernsehen	– Mehrkanalkabelfernsehen – Schmalbandfunk/Kabelfernsehen	?

Quelle: Arthur D. Little

[17] Beckurts, K. H. und Hoefle, M., Innovationsstärke und Wettbewerbsfähigkeit, in: Siemens-Zeitschrift 58. Jg. 5/1984, S. 3.
[18] Ross, M., Warnsignale für Europa, in: Blick durch die Wirtschaft Nr. 203 v. 1. 1[illegible]. 1984.

In diesem Falle wird moniert, daß die deutschen Firmen gerade im High-Tech-Sektor zu wenig für Forschung und Entwicklung ausgeben würden. Beispiele werden genannt: Die Firma IBM gebe täglich 10 Millionen US-$ für FuE aus.[19] Die Japaner hätten im Sektor integrierte Schaltungen die „Investitionsquote auf 30% vom Umsatz hinaufgetrieben".[20]
Was die Größe des Marktes betrifft, so gelten große Binnenmärkte als Testmärkte par excellence für neue Produkte. Auch die Penetration der neuen Produkte könne schneller erfolgen. Hingewiesen wird darauf, daß bei Datenverarbeitungsgeräten und auf dem Markt von elektronischen Konsumgütern in den USA Hochkonjunktur herrsche. 1985 werde ein „Jahr der Elektronik". Der Absatz von Heimcomputern, Farbfernsehern, Großbildprojektoren für Fernseher, Video-Recordern, Compact-Disc-Spielern weise zweistellige Wachstumsraten auf.[21] Die Japaner haben stets die Strategie des großen Marktes verfolgt. Beim Aufbau von Fertigungskapazitäten orientierte man sich von Anfang an am Weltmarkt. Augenblicklich ist ein Weltmarktanteil von über 90% bei Videorecordern und Telefaxgeräten erreicht worden. Anteile von mehr als 50% bei NC-Steuerungen, Robotern und Speicherbausteinen sprechen für sich.[22] Die Penetration gelingt also offensichtlich im Bereich der Informationstechnik nur über economies of large scale, die sich sowohl auf die (kostengünstige) Produktion als auch auf den großen Markt beziehen. Anzusprechen ist auch die jeweilige Akzeptanz der neuen Technologie. Offenbar sind die Amerikaner neuerungsfreundlich, besonders aufgeschlossen gegenüber Elektronikprodukten. Ähnliches gilt für die Japaner. Sollte hier, im Umfeld der Informationstechnik, das Marketing der Unternehmen zu wenig tun?

2.2.3 Zur Neugründung von Technologiefirmen

Neue Technologien werden in nicht geringem Maße durch neue Firmen verbreitet. Die Anzahl solcher Gründungen in Deutschland war jedoch bisher gering, insbesondere verglichen mit US-amerikanischen Gründungen.[23] Man kann Gründe im fehlenden Risikokapital oder im bürokratischen Dickicht suchen. Der wichtigste Antrieb darf jedoch nicht vergessen werden: Die Motivation und die Risikofreudigkeit der potentiellen Unternehmer. Zwischen Europa und USA liegen hier Welten. Im Vorfeld des 2. Internationalen Venture-Capital-Kongresses in München hat man beispielsweise festgestellt, daß nur 10% der etwa 700 Mill. DM zur Verfügung stehenden neuen Risikokapital-Förderungsbeiträge investiert worden sind. Zurückgeführt wird dies auf eine „Negativ-Motivation": Gerade im Bereich der technologisch orientierten Neugründungen findet man gleichermaßen Ein- und Aussteiger. In einem Zeitungsbericht heißt es dazu: „In einem sozialen Umfeld, in dem Wagemut nicht honoriert und Fehlschläge nicht toleriert werden, können an die Wagnis-Finanzierung durch Venture-Capital

[19] Strack, H., Mikroelektronik – ein europäisches Problem? In: Blick durch die Wirtschaft Nr. 193 v. 18. 10. 1984.
[20] Beckurts und Hoefle a.a.O., S. 6.
[21] In Blick durch die Wirtschaft v. 14. 1. 1985: Weiter Hochkonjunktur der Elektronik in Amerika.
[22] Beckurts und Hoefle a.a.O., S. 5.
[23] So die Bundesregierung auf eine Anfrage im Bundestag (BMWi-Tagesnachrichten Nr. 8669 vom 20. 12. 1984).

keine allzu hohen Erwartungen geknüpft werden".[24] Ganz anders ist die Situation in den USA: Hinzuweisen ist auf die Unternehmerqualitäten der „Baby-Boom"-Generation, ihre Begeisterungsfähigkeit für das Neue, für das Risiko. Resultat ist eine Gründungswelle bei technologisch orientierten Unternehmen.

Allenthalben entstehen Technologieparks. Ihnen wird für die Gründung von Technologiefirmen große Bedeutung beigemessen.[25] Zu bemerken ist aber, daß nur in enger Zusammenarbeit mit Hochschulen eine Forschungs- und Umsetzungseffekt zu erwarten ist. Einstweilen ist noch nicht zu erkennen, daß diese Zusammenarbeit (möglicherweise bis zur Personalunion) mit derjenigen zu vergleichen wäre, wie sie beispielsweise in den USA praktiziert wird. Hingewiesen wird immer wieder darauf, „wie weit sich amerikanische und deutsche Hochschulen, die sich auf die gleichen Ideale berufen, auseinanderentwickelt haben".[26] Es mangelt in der Bundesrepublik an Kooperationsmodellen, die eine effiziente Umsetzung von Forschungsideen und -entwicklungen in verwertbare Ergebnisse ermöglichen. Symptomatisch ist die Reaktion der deutschen chemischen Industrie, die mit US-amerikanischen Universitäten eng zusammenarbeitet, was sich in der gemeinsamen Gründung von Venture-Firmen äußert. Die US-amerikanischen Professoren sind kapitalmäßig beteiligt. Solche Gemeinschaftsgründungen werden noch heute in der Bundesrepublik als „Amerikanisierung des Hochschulwesens" gebrandmarkt.[27]

Hinzuweisen wäre auch auf die US-amerikanische Praxis der „spin-offs" und „buyouts".[28] Die ersteren sind Unternehmen, die von Managern gegründet werden, die ihre alte Firma verließen, aber unter Einvernehmen Ideen „mitnahmen". Die letzteren bezeichnen Unternehmen, die im Zuge von Konzernbereinigungen von den bisherigen Managern aufgekauft wurden. Diese Praxis läuft in der Bundesrepublik nur unter Zögern an (vgl. Siemens-Modell).

2.2.4 Zur Rolle des Staates

Unsicherheit besteht in Europa bezüglich der Rolle des Staates im Kreieren und Vorantreiben technologischen Wissens. In den USA und Japan sind beträchtliche Einflußnahmen des Staates auf die Wirtschaft festzustellen. Ihre weltpolitische Rolle zwingt die USA zu einer ungewöhnlichen Konzentration von Forschung und Entwicklung auf die militärische Technik, die in vielen Fällen mit Spitzentechnologie identisch ist. Von 5 Dollar des staatlichen Forschungsetats entfallen 3 Dollar auf Projekte der Landesverteidigung. Angesichts eines so immensen Mitteleinsatzes ist die Bedeutung von spillover-Effekten für zivile Anwendungen hoch einzuschätzen. Die Qualität dieses Transfers wird die technologischen Perspektiven der USA auch in Zukunft entscheidend bestimmen.[29]

[24] In Süddeutsche Zeitung v. 30. 10. 1984.
[25] So die Bundesregierung in ihrer Antwort im Bundestag.
[26] Strack a.a.O.
[27] So Gertoberens, K., Magie und Enttäuschung der Innovation, in: Süddeutsche Zeitung v. 11. 12. 1984.
[28] Vgl. ebenda.
[29] So Beckurts und Hoefle a.a.O., S. 5.

Japan hat sich in einem Respekt abverlangenden Vorwärtsdrang von den Commodities der sechziger Jahre abgesetzt und auf „intelligente" Produkte umgestellt (unter tatkräftiger und finanzträchtiger Mithilfe des Staates – ist hinzuzufügen). Marktanteilsgewinne bei „High-Technology"-Produkten stehen kalkulierbare Verluste von Marktpositionen bei Gütern gegenüber, in denen Japan keine komparativen Vorteile sieht. Die Japaner verstehen es, stückzahlträchtige Marktsegmente frühzeitig und nachhaltig zu besetzen. Die Strategie der Marktdominanz ist seit den fünfziger Jahren mit starker staatlicher Unterstützung in mehreren Phasen erfolgreich eingeübt worden. Die Japaner haben Vorteile in der qualitativ hochwertigen Großserienfertigung erreicht, wobei sie konsequent die Fertigungsautomatisierung genutzt und eine effiziente Mikroelektronik-Infrastruktur aufgebaut haben. Bemerkenswert ist insbesondere, daß die japanische Administration nicht nur entscheidend dazu beiträgt, daß neue Wachstumsfelder erschlossen werden, sondern daß sie auch, wenn Wachstumsfelder ausgeschöpft sind, dazu beiträgt, daß die Kapazitäten rasch (und problemlos) wieder abgebaut werden. Spektakuläres Beispiel ist wohl der Aufbau und der Abbau der Schiffbaukapazitäten. Diese tatkräftige Unterstützung läßt sich nicht einfach recherchieren. Die Hilfen sind vielschichtig und teilweise verdeckt.[30] Andererseits ist die Mitwirkung und Akzeptanz durch die „Betroffenen" (in der Regel die Unternehmen) vollkommen.
Um die „Unterstützungsphilosophie des Staates" noch etwas näher zu beleuchten, sei der Fall der Halbleitersubventionen angesprochen. In Tabelle 8 sind die wichtigsten Programme zusammengestellt.[31] Daraus lassen sich zwei Richtungen ableiten:

- „question of defence capacity"
- „core-technology-approach".

Was die USA betrifft, so stehen die Programme für Rüstung und Weltraum eindeutig im Vordergrund, etwa abzulesen am Very-High-Speed Integrated Circuit Program (VHSIC). Daß dieses Programm (und andere in der Tabelle genannten) erheblichen Nutzen auch für die Privatindustrie bringt, ist keine Frage. Die unlängst geäußerte Meinung,[32] die europäische und japanische Industriepolitik (wie immer auch definiert) seien mehr oder weniger erfolglos gewesen, so daß die USA erst gar nicht versuchen sollten, eine solche Politik zu kreieren, muß angesichts der massiven Unterstützung über die Rüstungskapazitäten erstaunen.
Was Japan betrifft, so weist der OECD-Bericht aus, daß bis 1974 der heimische Markt für Ausländer weitgehend verschlossen war. Ab 1975 haben MITI und NTT ein Programm initiiert, das Unterstützung gab für Forschungskapazitäten von fünf Unternehmen. Weitere Programme haben sich, wie die Tabelle ausweist, angeschlossen.
Was die Bundesrepublik Deutschland betrifft, so wird auf die Aktivitäten des BMFT verwiesen. Betont wird, daß der Hauptteil der Unterstützung drei Unternehmen zugeflossen ist, nämlich Siemens, AEG und Valvo. Inwieweit diese Programme entscheidende Hilfe geleistet haben, ist umstritten.

[30] Vgl. hierzu Laumer, H. und Ochel, W., Strukturpolitik für traditionelle Industriezweige in Japan, Berlin–München 1985.
[31] Ypsilanti, D., The Semiconductor Industry, in: OECD-Observer No. 132, Januar 1985, S. 14ff.
[32] Economic Report of the President, Washington 1984, S. 87ff.

Tabelle 8

Unterstützungsphilosophie des Staates

	Date	Project	US-$ million	Comments
Australia	1983–84	CSIRO Research[1]	0.6	
Canada	1981	Gallium-Arsenide Devices	1.7	
US	1978–84	VHSIC Phase 1 and	341.4	
	1978–82	non-VHSIC R&D[2]	200.5	
	1985–89	VHSIC Phase 2	340.3	
Japan	1975–81	LSI ICs for computer, telecommunications and microwave[3]	180.0	
	1976–79	VLSI[4]	121.2	Repayment required
	1980–91	Optoelectronics	77.5	Consignment payment (no refunding)
	1982–90	Supercomputer	92.3	
	1982–89	New Function elements	100.4	
EC	1983–84	Esprit Pilot Project[5]	11.4	
	1982–85	Microelectronics Programme	32.0	EC share
	1984–89	Esprit	744.0	EC share
France	1982–86	2nd Components Plan	487.0	
Germany	1974–78	BMFT Electronic Components[6]	157.0	R&D assistance to industry and institutions
	1981–82	BMFT Electronic Components	110.0	
	1981–84	VDI R&D[7]	0.9	
	1984–88	Submicron Technology	196.0	
UK	1983–88	Advanced Information Technology Programme	308.5	
Finland	1982–85	C-MOS Progress Technology[8]	7.0	Funds for equipment and salaries
Sweden	1980–85	National Board for Technical Development	47.3	Grants to technical schools

Note: Data are not strictly comparable in that assistance can be in the form of loans or grants, assistance may be directly to firms or to universities and technical institutions, some projects are also part of larger programmes and include other elements which may be only of indirect relevance to IC R&D (e.g. software, CAD, computer architecture). Levels of funding for projects after 1983 are subject to change. Data are also incomplete in that details of all countries R&D programmes are not known.

1 CSIRO: Commonwealth Scientific and Industrial Research Organisation.
2 VHSIC: Very-High-Speed-Integrated-Circuits Program.
3 LSI: Large-Scale Integration.
4 VLSI: Very Large-Scate Integration.
5 ESPRIT: European Strategic Programme for Research and Development in Information Technologies.
6 BMFT: German Ministry of Technology and Research.
7 VDI: Association of German Engineers Technology Centre.
8 C-MOS: Complementary Metal-Oxide Semiconductors.

Quelle: Ypsilanti, D. ... a.a.O., S. 18.

Versuche sind nun abzulehnen, die Rolle des Staates, wie sie in USA und Japan vorherrscht, auf Deutschland übertragen zu wollen. Eine derart starke Rüstungsindustrie, wie sie die USA vorweisen, ist hier undenkbar. Auch das japanische Modell der massiven staatlichen Unterstützung im Anfangsstadium einer neuen Exportwelle ist auf die Bundesrepublik nicht übertragbar.

Nach dem Gelingen der Offensive und in einem späteren Stadium das Wiedereintreten, um beim Kapazitätsabbau behilflich zu sein, scheidet für deutsche Verhältnisse aus. Dazu sind die Verbindungen zwischen Industrie und Staat, wie sie in der Bundesrepublik Deutschland vorherrschen, nicht geeignet.

Zwei Bemerkungen zur Rolle des Staates sind anzufügen, und zwar zum Funktionieren des internationalen Technologietransfers und zur Infrastrukturanbietung.

Solange im Rahmen der internationalen Arbeitsteilung der Technologietransfer funktioniert, wäre schlicht und einfach darauf zu verweisen. Potente Nachfrage könnten neue Technologien entweder kaufen oder über Lizenznahmen daran partizipieren. Mehr und mehr schälen sich aber Protektionismen heraus, die oft mit anderen Begründungen (z. B. Ost-West-Embargo) verschleiert werden.[33] Wie eine Studie des BMFT ausweist, haben amerikanische Behörden den Technologietransfer nach Europa verschärften Kontrollen und Restriktionen unterworfen.[34] Ein neuer Verordnungsentwurf der US-Regierung sieht Kontrollen des Transfers für Computer, Software, Halbleiter, Metall-Legierungen und auch Biotechnologie vor. In Japan werden bestimmte Chips nur für japanische Abnehmer reserviert. Dadurch ist die Arbeitsteilung zwischen Unternehmen unterbunden, Wettbewerbsverzerrungen zwischen Staaten treten auf. Eine eigene Technologieentwicklung im Lande auf wichtigen Gebieten ist unerläßlich. Das erfordert in der Bundesrepublik Deutschland Entwicklungsanstrengungen anderer Dimensionen als bisher. Um diesen Prozeß zu beschleunigen, könnte man auch an eine verstärkte „vorwettbewerbliche Kooperation“ innerhalb der deutschen und innerhalb der europäischen Industrie denken.

Die Infrastrukturanbietung in Europa geschieht grundsätzlich anders als in USA oder neuerdings in Japan. Dort sind es Privatgesellschaften, die im Wettbewerb Strukturen entstehen lassen, hier ist es der Staat, der meist über staatseigene oder staatskonzessionierte Unternehmen anbietet. Der technologische Fortschritt auf dem Gebiet der Informationstechnik wird nun offensichtlich entscheidend auch durch die entsprechende Infrastrukturanbietung vorangetrieben. Während in Europa die Meinung vorherrscht, das könne am besten durch „natürliche Monopole“ (z. B. Leitungsmonopol) geschehen, da sonst volkswirtschaftliche Verluste in Kauf genommen werden müßten, ist die Infrastrukturanbietung in USA und Japan einem immensen Wettbewerbsdruck ausgesetzt. Signal in den USA war die Auflösung von AT & T in sieben unabhängig operierende regionale Telefongesellschaften. Neue Wettbewerber sind aufgetreten, die sich zunutze machten, daß es technisch und wirtschaftlich möglich wurde, Fernsprechverbindungen zwischen lokal operierenden Telefongesellschaften anzubieten, und daß techno-

[33] Vgl. die Entscheidung, daß das Pentagon ein Mitspracherecht beim Export modernster Technologien in 15 nichtkommunistische Länder eingeräumt bekommt (aus Handelsblatt v. 14. 1. 1985).

[34] Hein, W., Beschränkung des internationalen Technologietransfers durch die USA – Auswirkungen auf die Innovationsentscheidungen deutscher Unternehmen, Washington D. C. 1984.

logische Innovationen auf dem Gebiet der Telekommunikation im Bereich der Büroautomation eingeholt oder überholt wurden.[35]
Auch in Japan sind Signale nicht zu übersehen.[36] Vom Gesetzgeber ist das bisherige Monopol der staatlichen Fernmeldegesellschaft NTT beseitigt worden. Sofort hat ein enormer Wettbewerbsdruck eingesetzt, zunächst von anderen japanischen Gesellschaften. Vier Investoren sind auszumachen: Ein Industriekonsortium (Daini Denden Kikaku), das Unternehmen vereint, die Hard- und Software auf dem Gebiet moderner Telekommunikation produzieren. Vorgesehen ist der Aufbau eines Glasfasernetzes zwischen den beiden Industriezentren des Landes, Tokyo und Osaka. Ein zweiter großer privatwirtschaftlicher Interessent für den Aufbau eines eigenen Telekommunikationsnetzes ist der Wirtschaftsverband Keidanren. Hier soll ein in den USA zu kaufender Satellit die Rolle des Netzes übernehmen. Dritter Anbieter ist eine staatliche Behörde, das japanische Bauministerium, das zusammen mit der Autobahnverwaltung ein eigenes Netz (Glasfaserkabel) aufbauen will. Schließlich sind auch die Staatsbahnen (JNR) als Interessent aufgetreten, die ebenfalls (auf ihren Trassen) ein Angebot erstellen wollen. Darüber hinaus gibt es eine Vielzahl von kleineren Projekten und ausländischen Interessenten (in erster Linie IBM). Natürlich spricht man auch in Japan von der Gefahr einer Überinvestition auf dem Telekommunikationsgebiet. Kooperationen zwischen den Interessenten sind denkbar. Immerhin wird der technologische Fortschritt damit in einem bisher nicht gekannten Ausmaß vorangetrieben. Vielleicht läßt sich die schnelle Ausbreitung von Infrastruktur- und Komplementärinvestitionen heutzutage und generell nur noch „in Konkurrenz" erreichen. Ein Umdenken in der Bundesrepublik Deutschland, auch in eine europäische Dimension hinein, wäre zu diskutieren.[37]

[35] Vgl. hierzu Ross a.a.O.
[36] Vgl. Odrich, P., Japan ist weiter, als viele annehmen, in: Blick durch die Wirtschaft Nr. 195 v. 22. 10. 1984.
[37] Vgl. hierzu Kapitel 5, Abschnitt 5.2.3.

3. Volkswirtschaftliche Bedeutung der Informationstechnologie

3.1 Das quantitative Bild

3.1.1 Problemstellung

Bei der Förderung von Informationstechnologien stehen durchweg wirtschaftliche Ziele und Motive im Vordergrund. Es ist deshalb naheliegend, die Reichweite und den Einwirkungsbereich der Förderung abzuschätzen, um auf diese Weise zumindest Anhaltspunkte für die quantitative Bedeutung der neuen Technologien und das quantitative Ausmaß des der Förderung unterliegenden Wirkungsfeldes zu erlangen. Die sich hierbei ergebenden Daten und Informationen sind in den jeweiligen gesamtwirtschaftlichen Zusammenhang einzuordnen, da nur auf diese Weise eine sinnvolle volkswirtschaftliche Abschätzung und Bewertung möglich ist: Eine wirtschaftlich begründete Förderung der Informationstechnologie ist nämlich nur in dem Maße sinnvoll und vertretbar, wie sie zur Verbesserung der wirtschaftlichen Situation und Dynamik der gesamten Volkswirtschaft geeignet ist.
Bei der Abgrenzung des „Informationssektors" ergibt sich nun aber das Problem, daß dieser Sektor zwar als Anbieter von „Geräten und Einrichtungen der Informationstechnologie" mehr oder weniger genau abgegrenzt werden kann. Die für die Beurteilung der Wirkungsbreite und Wirkungsintensität wichtige Frage nach den Anwendungsfeldern dieser Produkte entzieht sich jedoch weitgehend einer exakten Abgrenzung, und zwar einfach weil sie praktisch in allen Segmenten und auf allen Stufen der Volkswirtschaft zum Einsatz gelangen. Es fällt schwer, irgendeine Form der wirtschaftlichen Betätigung zu finden, bei der keine Informationen erzeugt, verarbeitet und verteilt werden, die also nicht von der Entwicklung der Informationstechnologie mehr oder weniger stark beeinflußt werden. Um über diese globale Feststellung hinausgehende Anhaltspunkte über die quantitative Bedeutung der Verwendung der neuen Informationstechnologien zu erlangen, ist es zweckmäßig, die wichtigsten Einsatzfelder auf der Ebene der Produktion zu lokalisieren und zusammenzufassen.

3.1.2 Zur wirtschaftlichen Bedeutung und Entwicklung der Hersteller von Informationstechniken

Geräte und Einrichtungen der Informations- und Kommunikationstechnik werden von einer großen Zahl von Wirtschaftsbereichen hergestellt. Zu ihnen zählen vor allem
- die Elektrotechnik
- die Feinmechanik und Optik
- die Herstellung von Büromaschinen und Datenverarbeitungsanlagen
- der Luftfahrzeugbau
- die Glasindustrie
- die Papiererzeugung
- die Papierverarbeitung
- das Druckgewerbe.

Übersicht 3

Zur Abgrenzung der alten und neuen Medien

Gruppe	Erzeugnis[1]	Klassifikation Produktions-statistik	Klassifikation Außenhandels-statistik (SITC)
	Alte Medien		
Druck- u. Schreibpapier	Zeitungsdruckpapier	5531	641.1
	Druck- u. Schreibpapier	5532	641.2
Ausgew. Papiererzeugnisse	Buchbinderische Erzeugnisse	5621	642.3
	Geschäftsbücher, Bürohilfsmittel	5625	642.3
	Briefumschläge	5633	
Druckerei und Vervielfältigung	Geschäftspapiere u. -druckerzeugnisse	5711	
	Werbungsmaterial	5712	
	Bücher und Broschüren	5713	
	Zeitungen und Zeitschriften	5714	
	Kunstdruck u. a.	5715	
	Sonst. Druckerzeugnisse	5719	892
	Licht- u. Photopausen	5751	
	Druckplatten	5755	
	Landkarten	5757	
	Hand- u. Maschinensatz	5759	
	Lohnveredlung	5796	
Kopiergeräte, Druck- u. Papiermaschinen	Vervielfältigungs- u. Adressiermaschinen	5017	751.8
	Kopiergeräte	3721.7	725.6
	Papier- u. Druckereimaschinen	3261	726
Druckplatten	Rohe Druckplatten, Schriftgießereierzeugnisse	3886	–
	Neue Medien		
Endgeräte	Geräte u. Einr. der Drahtnachrichtentechnik	3651	764
	Fernsehempfangsgeräte	3661.7	761
	Videorecorder	3663.44	763.81
Antennen	Außenantennen	3661.91	–
	Sonst. Antennen	3661.93	–
	Antennenverstärker	3661.95	–
Ausgew. Kabel	Isolierte Fernmeldeleitungen	3625.40	
	Fernmeldekabel, papierisoliert	3626.21	
	Fernmeldekabel, kunststoffisoliert	3626.25	773.1[2]
	Hochfrequenzkabel	3626.50	
Ausgew. Bauelemente u. -teile	Fernmeldekabelgarnituren	3627.50	
	Hochfrequenztechn. Baugruppen f. Fernsehgeräte	3661.98	
	Zubehör u. a. für Antennen	3661.08	
	Zubehör u. a. für Rundfunk- u. Fernsehgeräte	3661.09	
	Empfänger- u. Verstärkerröhren	3665.10	772.2
	Kathodenstrahl- u. Fernsehbildröhren	3665.20	772.3
	Transistoren	3665.75	776
	Bauelemente d. Fernmelde- u. Hochfrequenztechnik	3667	778.84
	Nachrichtentechnische Meßgeräte	3671.69	874.8
	Fernwirkgeräte u. -einrichtungen	3677.76	
	Bausteine f. elektronische Steuerung u. Regelung	3677.90	
	Zubehör f. elektronische Steuerung u. Regelung	3677.09	
	Massenteile f. Rundfunk- u. Elektroindustrie	3889.30	
	Einzelteile aus Kunststoff für Nachrichtentechnik	5822.51	
Ausgew. Montagen	Verlegen von Kabeln	3697.26	–
	Montagen von Fernmeldeeinrichtungen	3697.50	–

[1] Bezeichnungen der Produktionsstatistik, mit den Abgrenzungen der Außenhandelsstatistik nicht voll vergleichbar. [2] Einschließlich sonstiger Kabel.

Quelle: K. Löbbe, J. Warnken und P. Wolfmeyer, a.a.O., S. 121.

Diese sehr weit gefaßte Abgrenzung der Angebotsseite des Informationssektors (vgl. Übersicht 3) umschließt auch die Erzeuger von „alten Medien“, die zu den Erzeugern von „neuen Medien“ in einem substitutiven Wettbewerb stehen (vgl. Tabelle 9).

Tabelle 9

Zur Produktionsentwicklung der Medienbereiche 1965 bis 1980

Medienbereich	Produktionswert 1965	1970	1975	1980	jahresdurchschnittliche Veränderung 1965–1970	1970–1975	1975–1980	1970–1980
	in Mill. DM bzw. 1970 = 100				in %			
					in jeweiligen Preisen			
Alle Medien insgesamt	10180	15003	20847	31962	8,1	6,8	8,9	7,9
dar.								
Druck- u. Schreibpapier	1143	1666	2488	4217	7,8	8,3	11,1	9,7
Ausgewählte Papiererzeugnisse	811	1166	1456	2118	7,5	4,5	7,8	6,2
Druckerei u. Vervielfältigung	6338	8908	13082	19166	7,0	8,0	7,9	8,0
Kopierger., Druck- u. Papiermasch.	1768	3109	3656	6426	12,0	3,3	11,9	7,5
Neue Medien insgesamt	6338	10382	15418	21437	10,4	8,2	6,8	7,5
dav.								
Endgeräte	3135	4894	8323	11315	9,3	11,2	6,3	8,7
Antennen	61	154	147	196	20,4	−0,5	5,9	2,4
Ausgewählte Kabel	680	1068	1183	1384	9,5	2,1	3,2	2,6
Ausgewählte Bauelemente u. -teile	2063	3672	4731	6944	12,2	5,2	8,0	6,6
Ausgewählte Montagen	400	594	1034	1598	8,2	11,7	9,1	10,4
					in Preisen von 1970			
Alle Medien insgesamt	11296	15003	14246	17950	5,8	−1,0	4,7	1,8
dar.								
Druck- u. Schreibpapier	1147	1666	1635	2467	7,7	−0,4	10,1	4,7
Ausgewählte Papiererzeugnisse	904	1166	976	1216	5,2	−3,5	4,5	0,4
Druckerei u. Vervielfältigung	7058	8908	9034	10779	4,8	0,3	3,6	1,9
Kopierger., Druck- u. Papiermasch.	2055	3109	2491	3290	8,6	−4,3	5,7	0,6
Neue Medien insgesamt	6582	10382	13935	19036	9,5	6,1	6,4	6,3
dav.								
Endgeräte	3227	4894	7488	9995	8,7	8,9	5,9	7,4
Antennen	60	154	146	215	20,6	−1,1	8,0	3,4
Ausgewählte Kabel	714	1068	1390	1249	8,4	5,4	−2,1	1,6
Ausgewählte Bauelemente u. -teile	2120	3672	4041	6382	11,6	1,9	9,6	5,7
Ausgewählte Montagen	460	594	869	1196	5,2	7,9	6,6	7,3
					Preisindex			
Alle Medien insgesamt	90,1	100,0	146,3	178,1	2,1	7,9	4,0	5,9
dar.								
Druck- u. Schreibpapier	99,9	100,0	152,1	159,3	0,0	8,8	0,9	4,8
Ausgewählte Papiererzeugnisse	89,7	100,0	149,1	174,2	2,2	8,3	3,2	5,7
Druckerei u. Vervielfältigung	89,8	100,0	144,8	177,8	2,2	7,7	4,2	5,9
Kopierger., Druck- u. Papiermasch.	86,0	100,0	146,8	195,3	3,1	8,0	5,9	6,9
Neue Medien insgesamt	96,3	100,0	110,6	112,6	0,8	2,0	0,4	1,2
dav.								
Endgeräte	97,1	100,0	111,1	113,2	0,6	2,1	0,4	1,2
Antennen	101,0	100,0	100,6	91,1	−0,2	0,1	−2,0	−1,0
Ausgewählte Kabel	95,2	100,0	85,1	90,2	1,0	−3,1	1,2	−1,0
Ausgewählte Bauelemente u. -teile	97,3	100,0	117,1	108,8	0,5	3,2	−1,5	0,8
Ausgewählte Montagen	87,1	100,0	118,9	133,6	2,8	3,5	2,4	2,9

Quelle: K. Löbbe, J. Warnken und P. Wolfmeyer, a.a.O., S. 121.

Der so definierte Herstellersektor erbrachte im Jahre 1980 eine nominale Bruttowertschöpfung von 112 Mrd. DM oder 7,4% des Bruttosozialprodukts. Von diesem Produktionswert, der von den mit der Erzeugung von Geräten und Einrichtungen der Informationstechnologie befaßten Branchen insgesamt erbracht wird, entfällt nur ein verhältnismäßig kleiner Teil auf die erwähnten Produkte. Deren Produktionswert betrug – einschließlich Vorleistungen – im Jahre 1980 rund 50 Mrd. DM. Geht man davon aus, daß von diesem Betrag etwa 50 bis 60% auf Vorleistungen entfallen, so wird man für den Sektor Informationstechnik in der hier gewählten Abgrenzung im Jahre 1980 eine Bruttowertschöpfung von schätzungsweise 20 bis 25 Mrd. DM ansetzen können. Bei einer Bruttowertschöpfung aller Wirtschaftsbereiche in Höhe von 1426 Mill. DM kann somit der Anteil des Informationssektors an der gesamtwirtschaftlichen Wertschöpfung auf 1,5 bis 1,8% veranschlagt werden. Gewiß ist dies nur eine sehr grobe und überschlägige Schätzung, eine aufwendigere und genauere Berechnung würde kaum zu einer anderen Größenordnung des Produktionsanteils in der Vergangenheit führen.
Wenngleich keine statistischen Informationen über die Zahl der bei der Produktion von Geräten und Einrichtungen der Informationstechnologien eingesetzten Erwerbstätigen vorliegen, deutet der geringe Wertschöpfungsanteil darauf hin, daß das Beschäftigungspotential dieses Sektors nicht sehr hoch zu veranschlagen ist. Es sei darauf hingewiesen, daß z. B. die gesamte Branche „Büromaschinen und Datenverarbeitung“ gegenwärtig etwa 70000 Personen (1970: 106000) beschäftigt. Diese wenigen Angaben zur Größenordnung der quantitativen Bedeutung der Informationstechnik als Produzent und Anbieter von Arbeitsplätzen machen deutlich, daß selbst bei starker Expansion dieser Sektor auf absehbare Zeit nur eine verhältnismäßig geringe Rolle als Arbeitgeber spielen dürfte. Insofern vermag er – wenn überhaupt – nur in sehr bescheidenem Maße zur Lösung der gegenwärtigen und künftigen Arbeitsmarktproblematik der Bundesrepublik beizutragen.
Gegen diese skeptische Einschätzung kann nun zu Recht eingewendet werden, daß die volkswirtschaftliche Bedeutung der informationstechnologischen Sektoren weniger in ihrer Rolle als Arbeitgeber und Produzent bestehe, sondern in der effizienzsteigernden Eigenschaft ihrer Produkte. Hinzuweisen ist z. B. auf die Elektrizitätswirtschaft, deren volkswirtschaftliche Bedeutung keineswegs am geringen Anteil dieser Branche an der gesamtwirtschaftlichen Wertschöpfung oder an der gesamtwirtschaftlichen Erwerbstätigkeit angemessen zum Ausdruck gebracht wird. Die quantitative volkswirtschaftliche Bedeutung der Informationstechnologie und der entsprechenden Technologieförderung ist deshalb weniger mit Blick auf die in diesem Bereich tätigen Anbieter als mit Blick auf die solche Erzeugnisse und Technologien anwendenden Nachfrager zu begründen.

3.1.3 Zur wirtschaftlichen Bedeutung und Entwicklung der Anwender der Informationstechnologie

Die Anwendungsmöglichkeiten der Informationstechnologien werden vielfach als unbegrenzt angesehen. Dies gilt auch in sektoraler Sicht. Einer Analyse der wirtschaftlichen Situation und der möglichen ökonomischen oder beschäftigungspolitischen Probleme in den von der Einführung besonders betroffenen Branchen sollte daher ebenfalls eine relativ weite Abgrenzung zugrundegelegt werden. Entsprechend dem Vorgehen der Enquete-Kommission „Neue Informations- und Kommunikationstechniken" werden hier zusammengefaßt:

- der Bereich Druck und Vervielfältigung,
- der Groß- und Einzelhandel einschließlich der Handelsvermittlung,
- die Nachrichtenübermittlung, d. h. die Deutsche Bundespost,
- die Kreditinstitute und Versicherungsunternehmen,
- der Bereich Wissenschaft, Kunst, Publizistik, darunter z. B. Rundfunk, Fernsehen, Film, Fachdokumentation,
- der Bereich sonstige Dienstleistungen (u. a. Verlage und Werbewirtschaft).

Diese wichtigsten Anwendungsbereiche der Informationstechnik erzielten im Jahre 1980 eine Bruttowertschöpfung von 395 Mrd. DM, das sind 26,3% des Sozialprodukts. Sie beschäftigen 6,2 Mill. Personen (23% aller Erwerbstätigen). Obwohl – wie erwähnt – von dieser Abgrenzung nur die „informationsintensiven" Branchen umfaßt werden, belegen die verhältnismäßig großen Anteilswerte, daß in einem bedeutenden Segment der Volkswirtschaft die Informationstechnik ein wesentlicher Teil der jeweils zur Anwendung gelangenden Produktionsverfahren darstellt und insofern die Art der Erzeugung, Verarbeitung und Verteilung von Informationen hier für Effizienz, Kosten und Preisstellung von großer Bedeutung sind.

Die aufgeführten Anwendungsbereiche sind bislang durch eine relativ expansive Nachfrage- und Einkommensentwicklung gekennzeichnet gewesen. Entgegen den Erwartungen ist eine Beschleunigung des Produktivitätsanstiegs bei den Anwendern bislang nur in begrenztem Umfange festzustellen gewesen, und zwar um 0,2 Prozentpunkte (von 3,4% für den Zeitraum 1970 bis 1975 auf 3,6% im Zeitraum 1975 bis 1980). Stärkere Rationalisierungseffekte zeigten – neben der Nachrichtenübermittlung – mit den Druckereien und den Kreditinstituten zwei Bereiche, in denen neue Informations- und Textverarbeitungstechniken bereits in hohem Maße eingesetzt werden. Eine Beschleunigung des technischen Fortschritts, in einigen Fällen auch Freisetzungen von Arbeitskräften, waren hier die Folge.

Die wichtigsten Anwenderbranchen der Informationstechnik wurden von der ungünstigen gesamtwirtschaftlichen Entwicklung der siebziger Jahre ebenfalls erfaßt, wenngleich in weit geringerem Maße als die übrigen Branchen. Immerhin konnten sie zwischen 1970 und 1980 die Zahl ihrer Beschäftigten noch um knapp 200000 erhöhen, während die übrigen Branchen zum Teil erhebliche Freisetzungen vornehmen mußten. Hierbei ist allerdings in Rechnung zu stellen, daß abgesehen von der Branche „Druck und Vervielfältigung" es sich bei den wichtigsten Anwendern ausschließlich um Branchen des Dienstleistungssektors handelt, die weitgehend außerhalb des internationalen Wettbewerbs arbeiten und insofern in den siebziger Jahren nicht unmittelbar dem damals sehr starken Wettbewerbsdruck seitens des Auslandes ausgesetzt waren.

Die bisherige Darstellung ist vergangenheitsbezogen. In den hier dargestellten Statistiken kann die volle Bedeutung der Informationstechnik kaum zum Tragen kommen, da die Diffusion dieser neuen Technologie eben erst begonnen hat. Es ist zu vermuten, daß diese Basistechnologie in immer weitere Sektoren vordringt und in stärkerem Maße als in der Vergangenheit in vielen Sektoren kosten- und umsatzbestimmend wirkt.

3.2 *Qualitative Bewertung*

Wenn es darum geht, die volkswirtschaftliche Bedeutung der Informationstechnologie wirklich abzugreifen, dann ist man auf Vermutungen angewiesen. Die Entwicklung befindet sich, wenn das Bild von einer logistischen Wachstumskurve herangezogen wird, im Anfangsstadium oder im beginnenden Aufschwung. Die Dynamik des Bereichs läßt sich an einigen – absehbaren – Bewegungen ablesen. Vier sind zu nennen:

(a) Beschleunigung des Produktzyklus
(b) Neue Akzente der Kooperation und der Dimension bei Forschung und Entwicklung
(c) Neue Anwendungsgebiete
(d) Günstige Automatisierungschancen für kleine Betriebseinheiten

Diese Bewegungen werden nachfolgend behandelt.

Zu (a):

Die Entwicklung neuer Produkte im informationstechnischen Bereich ist hochdynamisch. Man spricht von einer stetigen Verdichtung der Strukturen, die pro Jahr eine Kostensenkung je Leistungseinheit bis zu 30% ermöglicht. Das ist in der Technologiegeschichte ein einmaliger Vorgang.[38] Die rasche Leistungsverbesserung der Technologien bewirkt eine rasche Aufeinanderfolge von neuen Verfahren und Produkten. Der Produktzyklus wird im Bereich der Mikroelektronik auf höchstens drei Jahre veranschlagt.

Die hohe Sensibilität des informationstechnischen Bereichs im Hinblick auf Produktinnovationen führt dazu, daß der Forschungs- und Qualitätswettbewerb in besonderem Maße angeregt wird. Produktinnovationen im informationstechnischen Bereich setzen an der Technik an. Die im Bereich der Nachrichtentechnik im Jahre 1982 durchgeführten Produktinnovationen erforderten in der Regel neue Forschungsaktivitäten, während Produktinnovationen in anderen Technologiefeldern auf technischen Weiterentwicklungen (auf der Grundlage bereits verfügbarer Forschungsergebnisse) aufbauten.[39] Produktinnovationen aus dem Bereich der Informationstechnik werden überdies unter den Gesichtspunkten „neue Anwendungsgebiete" („neue Wachstumsfelder" werden erschlossen) und „neue Qualitäten" (Substitution anderer Produkte) eingeführt. Von vornherein sind deshalb hier neben dem Preiswettbewerb Vorteile im allgemeinen Wettbewerb geschaffen worden. Als Rückwirkung der Produktinnovationen sind die für diese Produkte zu erstellenden Kapazitäten anzusehen. Gerade in der Nachrichtentechnik sind oft Produktinnovationen nicht ohne gleichzeitige Änderung der Produktionstechnik zu vollziehen. Aus Abbildung 3 ist der vergleichsweise hohe Anteil kombinierter Produkt- und Prozeßinnovationen in diesem Sektor ersichtlich.

Als erste Feststellung in bezug auf die volkswirtschaftliche Bedeutung der Informationstechnik kann also gelten, daß durch sie insbesondere die Produktinnovationsaktivitäten angeregt werden. Die Wettbewerbsfähigkeit der Unternehmen wird dadurch ebenso gefördert wie ihre Forschungsaktivitäten. Außerdem sind Änderungen in der Produktionstechnik unumgänglich.

[38] Beckurts und Hoefle a.a.O., S. 4.

[39] Schmalholz, H. und Scholz, L., Innovationsschwächen der deutschen Industrie – eine Fehlspekulation, in: Ifo-Schnelldienst Nr. 17/18 v. 28. 6. 1984, S. 21.

Abb. 3

Hochtechnologiebereiche – Wegbereiter für Produktinnovation

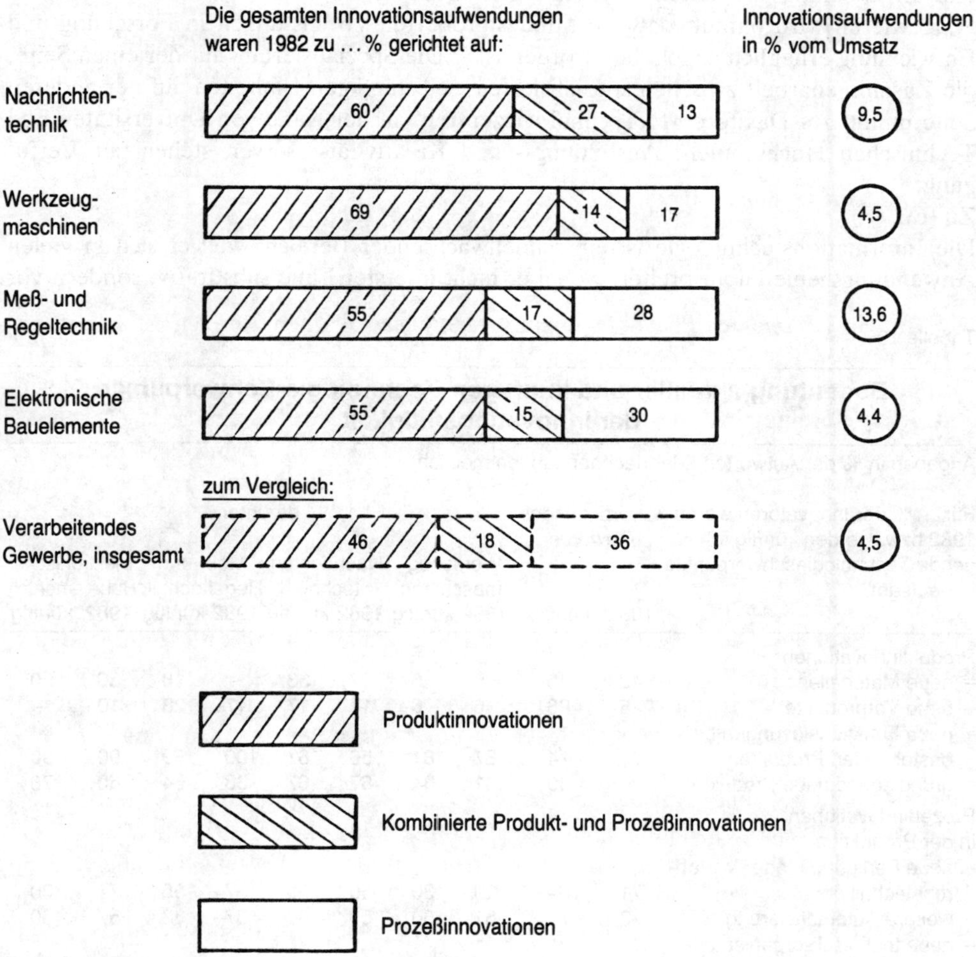

Quelle: Ifo-Innovationstest 1982.

[1] Ohne Großunternehmen der Bauelementeindustrie.

Zu (b):

Die Informationstechnologie entsteht im Konvergenzbereich mehrerer Disziplinen. Angeführt werden können: Physik, Mathematik, Informatik, Optik, Ingenieurwissenschaften. Neue Wortbildungen wie Optoelektronik, Mechatronik oder 3C's (Computer, Communications, Components) machen dies deutlich. Die Technologie ist von einem hohen Wissenschaftsanspruch getragen. Die Zusammenarbeit zwischen Forschungslabors der Industrie und den Universitäten wird unabdingbar, wird enger. Verbundprojekte sind im Entstehen. Als Beispiel dient das Projekt „Entwicklung integrierter Schaltkreise“ (Industrie, Großforschungseinrichtung, Universitäten). Die Forschungs- und Entwicklungsaktivitäten erhalten einen neuen Akzent und neue Dimensionen. Hingewiesen wird darauf, daß die Mindestgröße für Vorleistungen in Forschung und Entwicklung erheblich angehoben worden ist.[40] Die Spezialisierung auf der einen Seite, die Zusammenarbeit zwischen spezialisierten, selbständigen Einheiten auf der anderen Seite nimmt zu. Das fördert „Technologiezentren“ in der Nähe von Universitäten und Technischen Hochschulen. Ausbildungs- und Kreativitätsreserven stehen zur Verfügung.

Zu (c):

Die Informationstechnologie ist ein schnellwachsender Bereich, weil er sich in vielen Anwendungsgebieten ausbreitet, wobei er nicht in erster Linie substitutiv, sondern vor

Tabelle 10

Bedeutung aktueller und künftiger[1] Technologie-Schwerpunkte der Innovationstätigkeit

Angaben in % der Antworten (Mehrfachnennungen möglich)

Für ... % der Innovatoren waren 1982 bzw. werden künftig folgende Technologieschwerpunkte bedeutsam	Verarbeitendes Gewerbe		darunter Werkzeugmaschinen		Nachrichtentechnik		Meß- und Regeltechnik		Elektronische Bauelemente[2]	
	1982	künftig	1982	künftig	1982	künftig	1982	künftig	1982	künftig
Produktinnovationen										
– neue Materialien	42	46	6	6	17	33	–	8	30	50
– neue Vorprodukte	25	26	6	6	17	17	17	23	10	–
– neue Funktionslösungen bei bestehenden Produkten	70	74	87	81	50	67	100	69	90	90
– grundlegend neue Produkte	30	49	31	44	67	67	33	54	50	70
Prozeßinnovationen in der Produktion										
– neue Fertigungs- oder Verfahrenstechniken	71	64	29	30	50	60	57	55	71	80
– weitere Automatisierung	73	77	57	60	50	60	57	82	57	80
– neue technisch-organisatorische Strukturen	19	33	43	50	–	40	57	73	29	30
Prozeßinnovationen in Büro und Verwaltung										
– Datenverarbeitung	85	83	62	83	67	50	100	86	83	80
– Textverarbeitung	53	55	62	33	33	75	–	29	33	30
– Kommunikationstechnik	35	56	25	33	33	50	–	14	17	60

– = Kein Wert vorhanden.

[1] In den nächsten drei bis fünf Jahren.

[2] Ohne Großunternehmen der Bauelementeindustrie.

Quelle: Ifo-Innovationstest

[40] Beckurts und Hoefle a.a.O., S. 7.

allem additiv wirkt. Die Systematik der Informationstechnologie (Generieren, Speichern, Bearbeiten, Übertragung von Informationen) wird dabei sowohl in Produktionsbereiche als auch in Dienstleistungsbereiche hineingetragen. Tabelle 10 macht deutlich, daß durch die neuen Technologien auf dem Gebiet Informationstechnologie erhebliche Anforderungen an betriebliche und infrastrukturschaffende Investitionen gestellt werden. Ein Investitionsschub bei privaten wie öffentlichen oder halböffentlichen Investitionen ist deshalb zu erwarten.

In einer mittelfristigen Vorausschätzung der Investitionsentwicklung in der Bundesrepublik Deutschland bis zum Ende dieses Jahrzehnts[41] wird unter anderem ausgeführt, daß die Diffusion der neuen Fertigungs- und Bürotechniken eben erst begonnen habe. Zusätzliche Investitionsimpulse ergäben sich bis Ende dieses Jahrzehnts aus der Umstellung auf die digitale Nachrichtenvermittlung, die Einrichtung des Breitband-Kommunikationsnetzes auf Glasfaserbasis, aus der Öffnung des Mediums Rundfunk und Fernsehen für private Anbieter (und anderes mehr). Für die Investitionsentwicklung werden daraus, getrennt nach Branchen, Schätzangaben geliefert (vgl. Abbildung 4). Danach wird die Investitionsquote in der Bundesrepublik Deutschland, nach einem kontinuierlichen Abfall in den siebziger und Anfang der achtziger Jahre wieder steigen, was über den Einkommens- und Kapazitätseffekt der Investitionen das wirtschaftliche Wachstum positiv beeinflußt. Auch Beschäftigungseffekte gehen hiervon aus, da, wie erwähnt, nicht nur vermehrte Rationalisierungsinvestitionen (die Freisetzungen fördern), sondern auch vermehrt Modernisierungs- und Erweiterungsinvestitionen (die Neueinstellungen fördern) zu erwarten sind.

Zu (d):

Die These Schumpeters, wonach der technologische Fortschritt unweigerlich zu Konzentrationsbewegungen führe, weil die Technik schließlich nur noch in großen Betriebseinheiten optimal genutzt werden könne, ist durch die Einführung und die Anwendung der Mikroelektronik widerlegt worden. Im Produktionsprozeß hat sich der Trend zur Großtechnologie nicht bestätigt. Im Gegenteil, im Augenblick ist der Trend in Richtung kleinerer Größen, zur Miniaturisierung, unverkennbar.[42] Mit der Mikroelektronik sind technologische Barrieren überwunden worden, die der weiteren Automatisierung im Bereich der Fertigungstechnik gerade bei kleinen und mittleren Betrieben bislang Grenzen gesetzt hatten. Bestätigt wird dies durch eine Umfrage des Ifo-Instituts,[43] die sich für die Gründe der augenblicklichen und zukünftigen Automatisierungswelle im Fertigungsbereich interessiert. Immerhin 40% der Firmen gaben an, automatisieren zu wollen, um die Flexibilität der Produktion zu steigern. Das wird nur durch den Einsatz der Elektronik im Bereich der steuer- und regelungstechnischen Einrichtungen möglich. Bisher zeigte sich bei konventionellen Automatisierungstechnologien eher, daß die Unternehmen inflexibler wurden. Durch den Übergang auf elektronische Funktionslösungen sind jedoch Know-how-Barrieren gefallen, die den Anbieter konventioneller Lösungen bisher geschützt hatten. Die technologische Lösung wird transparent und

[41] Gerstenberger, W., Perspektiven für die Investitionstätigkeit in der Bundesrepublik Deutschland, in: Ifo-Schnelldienst Nr. 34 v. 7. 12. 1984.

[42] Vgl. Oppenländer, K. H., Die Zukunft der kleinen und mittleren Unternehmen – die technologische Perspektive, Bonn 1984.

[43] Scholz, L., Automatisierungstendenzen in der Industrie, in: Ifo-Schnelldienst Nr. 17/18 v. 24. 6. 1982.

Abb. 4

Getätigte und prognostizierte Investitionsaufwendungen in einigen Industriebranchen

Käufe[1] von Investitionsgütern in den siebziger und achtziger Jahren

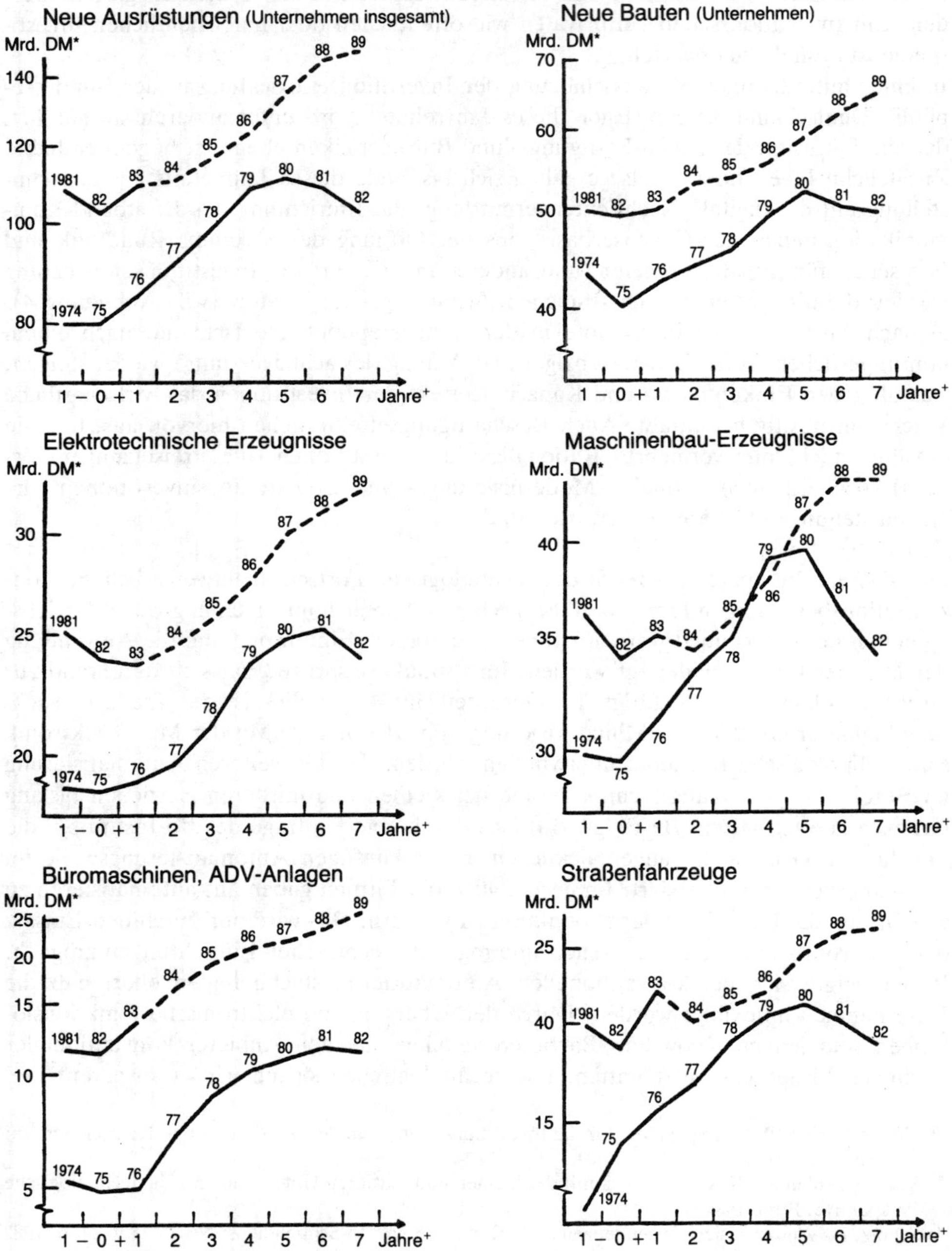

* Logarithmischer Maßstab. + Nach dem konjunkturellen Tiefpunkt. [1] In Preisen von 1976.

Quelle: Statistisches Bundesamt, Vorausschätzungen des Ifo-Instituts.

leicht nachahmbar, was wiederum, gerade bei kleinen und kleinsten technologischen Einheiten, Newcomer auf den Plan ruft.

Die volkswirtschaftliche Bedeutung dieser Entwicklung ist nicht zu übersehen. Sie ermöglicht die Aufrechterhaltung der Verteilungsstruktur nach Unternehmensgrößen in der deutschen Volkswirtschaft. Diese Struktur garantiert die Funktionsfähigkeit des Wettbewerbs und der Arbeitsteilung in einer hochindustrialisierten Wirtschaft. Gleichzeitig wird auch sichergestellt, daß laufend Neugründungen von technologisch orientierten Unternehmen möglich sind, was der Dynamik des Wirtschaftsprozesses und einer ausgewogenen Struktur nach Unternehmensgrößenklassen förderlich ist.

4. Die Rolle des Staates

4.1 Ordnungspolitische Überlegungen

Jedes Gemeinwesen ist frei in der Wahl der Ziele, die es zum Wohl seiner Bürger verfolgt, vorausgesetzt, diese billigen und akzeptieren die zur Erreichung der Ziele einzuschlagenden Wege und anzuwendenden Mittel. Der mit dieser Einschränkung angesprochene Ziel-Mittel-Konflikt erweist sich bei ökonomischen Zielsetzungen meistens als Konflikt zwischen Staat und Privaten hinsichtlich der wünschenswerten Verwendung der volkswirtschaftlichen knappen Ressourcen. Wer soll darüber befinden, in welchem Umfange, wozu, wo, wie und wann Arbeitskräfte und Kapital eingesetzt werden? Die Antwort auf diese ordnungspolitische Frage hängt von grundsätzlichen Auffassungen über die Rolle des Staates im Gemeinwesen und der Aufgabenverteilung zwischen Staat und Privatwirtschaft ab. Dabei sind häufig Zweckmäßigkeitsüberlegungen von ausschlaggebender Bedeutung.

Wenngleich die erwähnte Aufgabenzuweisung und -teilung entsprechend dem Subsidiaritätsprinzip im allgemeinen und theoretisch unbestritten ist, kommt es in der Praxis und bei vielen Einzelproblemen immer wieder zu Auseinandersetzungen über die Zuordnung einer Aufgabe zur staatlichen oder privaten Handlungsebene, weil die Auffassungen über die Leistungsfähigkeit und Belastbarkeit der jeweils untergeordneten Entscheidungseinheiten erheblich divergieren. Dies ist nicht zuletzt Ausdruck von unterschiedlichen ordnungspolitischen Positionen.

Dieser Streit kann von der Wissenschaft nicht entschieden werden, weil hierzu normative Fragen zu beantworten wären. Sofern man der Auffassung ist, daß bestimmte Güter und Leistungen allen Bürgern – unabhängig von ihrer eigenen Leistung – kostenlos zur Verfügung stehen sollen (z. B. Gesundheitswesen, Schulwesen), ist ihre Bereitstellung durch den Staat geboten. Dasselbe gilt für die eigentlichen Kollektivgüter, von deren Nutzung niemand ausgeschlossen werden kann (Rechtssicherheit, äußere Sicherheit, Straßenbeleuchtung usw.).

Bei der hier zu erörternden Frage nach der Rolle des Staates auf dem Gebiet der angewandten Forschung, insbesondere im Bereich von Kommunikation und Information, handelt es sich um eine grundlegend andere Problematik als die der zweckmäßigen Abgrenzung zwischen Kollektivgut und Individualgut. Gewiß könnte auch hier zu prüfen sein, ob Forschungsleistungen spezieller Art für jedermann zugänglich sein sollen oder ob nur der über sie verfügen soll, der sie selbst erstellt oder käuflich erwirbt.

Eine Fragestellung dieser Art mag sinnvoll sein, um eine spezielle Forschungsaktivität in die Zuständigkeit der Grundlagenforschung zu verweisen. Sie ist aber nicht geeignet, die Notwendigkeit der forschungspolitischen Aktivität des Staates auf dem Gebiet der Information und Kommunikation zu begründen oder zu bestreiten. Ohne Zweifel handelt es sich hierbei um Erzeugnisse und Leistungen, die auf privatwirtschaftlichem Wege sowohl produziert als auch benutzt werden und bei denen das für jede privatwirtschaftliche Aufgabenerfüllung maßgebliche Prinzip von spezieller Leistung und spezieller Gegenleistung gültig ist. Die Aktivität des Staates im Bereich von Information und

Kommunikation müßte deshalb im wesentlichen mit dem Argument des „Marktversagens“ gerechtfertigt werden: Der Markt führt im Bereich von Information und Kommunikation zu unbefriedigenden Ergebnissen, und zwar sowohl in quantitativer als auch in qualitativer als auch in zeitlicher Hinsicht,

- weil er sein Angebot nur nach den vom aktuellen Bedarf geprägten Preissignalen ausrichtet und dabei die langfristige Perspektive unzureichend berücksichtigt (Kernkraft, Luft- und Raumfahrt);
- weil er die staatlichen Komplementärleistungen abhängigen Angebote nicht hervorbringt, solange diese Leistungen nicht in zureichendem Maße erbracht sind (Straße – Auto);
- weil er den über den privatwirtschaftlichen Preis hinausgehenden volkswirtschaftlichen Nutzen seines Angebots nicht internalisiert (Patentschutzproblematik);
- weil er inländische Angebote nicht zum Zuge kommen läßt, wenn diese – aus welchen Gründen auch immer – in qualitativer oder preislicher Hinsicht gegenüber der Auslandskonkurrenz unterlegen sind (Internationale Subventionsproblematik).

Diese Gründe des Marktversagens werden immer wieder zur Legitimation der Forschungspolitik herangezogen. Sie finden sich implizit auch in der Begründung der „Konzeption der Bundesregierung zur Förderung der Mikroelektronik, der Informations- und Kommunikationstechnik“ vom 14. März 1984. Ziel dieses Programmes ist es, durch verbesserte Rahmenbedingungen und Bündelung der begrenzten Forschungs- und Entwicklungsressourcen auf die rechtzeitige Entwicklung und marktgerechte Anwendung der modernen Informations- und Kommunikationstechniken in der Bundesrepublik hinzuwirken. Sie erhofft sich auf diesem Wege die internationale Wettbewerbsfähigkeit unseres Landes zu stärken, die ihrerseits für das Wohlergehen unserer Gesellschaft wesentlich ist. „Deshalb muß die Bundesrepublik in der Informationstechnik eine Führungsposition anstreben.“[44]

Die in dieser Begründung zum Ausdruck kommende Vorstellung über den Zusammenhang von Technik und internationaler Wettbewerbsfähigkeit – sie dürfte sich in ähnlicher Weise in entsprechenden Programmen von Planwirtschaften finden – ist in hohem Maße fragwürdig. Gewiß ist nicht zu bestreiten, daß die in einer Volkswirtschaft zur Anwendung kommende Produktionstechnik für die Produktivität von Arbeit und Kapital und damit zugleich für das Realeinkommen je Kopf der Bevölkerung von ausschlaggebender Bedeutung ist. Ebenso gilt, daß ein einzelnes Unternehmen gegenüber seinen nationalen und internationalen Mitwettbewerbern durch Verbesserung der Technologischen Verfahren seine relative Wettbewerbsposition erhöhen kann. Hieraus kann jedoch nicht gefolgert werden, in einem marktwirtschaftlichen System könne auf gleichem Wege die internationale Wettbewerbsfähigkeit *aller* Unternehmen gestärkt werden.

Allein die Tatsache, daß Länder mit durchweg hoch entwickelter Technologie zu manchen Zeiten auf den Weltmärkten sehr stark vordringen, zu anderen Zeiten jedoch zurückfallen und oft in relativ kurzen zeitlichen Abständen mit sehr hohen aktiven und sehr hohen passiven Leistungsbilanzsalden konfrontiert sind, zeigt, daß die Problematik der internationalen Wettbewerbsfähigkeit eines ganzen Landes – wenn überhaupt – nur

[44] BMFT, Informationstechnik, Bonn 1984.

entfernt mit der jeweiligen technologischen Entwicklung zusammenhängt. Entscheidend ist vielmehr, ob und in welchem Maße der durch neue Produktionsverfahren ermöglichte Produktivitätsfortschritt zur Steigerung des Einkommens der eigenen Bevölkerung oder zur Verbesserung der terms of trade und damit der Preiswürdigkeit auf dem Weltmarkt verwendet wird. Dieses Problem der wettbewerblichen Gestaltung der terms of trade stellt sich unabhängig von der Art und Verbreitung von bestimmten technologischen Verfahren. Und es wird – bei flexiblen Wechselkursen – durch den Grad der Abstimmung zwischen Geldpolitik, Finanzpolitik und Lohnpolitik in dieser oder jener Richtung entscheiden.

Selbstverständlich muß ein modernes Industrieland für die Entwicklung und Ausbreitung jeder wirtschaftlich tragfähigen Technologie „offen sein", und zwar einfach weil es auf diesem Wege seine Arbeitskräfte und sein Kapital zu höherem Wohlstand der Bevölkerung transformieren kann. Dies bedeutet jedoch keineswegs zwingend, daß es Aufgabe des Staates ist, sich als Förderer der Informations- und Kommunikationstechnologie zu engagieren. Nicht der wiederholte Hinweis auf die primäre Zuständigkeit des Marktes für diese Aufgabe und auch nicht das Argument, die Erzeugung, die Verarbeitung und Verbreitung von Informationen nehmen „mehr und mehr den Charakter eines eigenständigen Produktionsfaktors neben Arbeit und Kapital an", sind schlüssige Antworten auf die Frage, warum die Aktivitäten der Privatwirtschaft in diesem Bereich volkswirtschaftlich unzureichend sind, welche der genannten oder welche anderen Gründe des Marktversagens ein Tätigwerden des Staates erfordern.

Der entscheidende Mangel der informationstechnischen Konzeption der Bundesregierung besteht gerade im Fehlen einer expliziten, ökonomisch einsichtigen Antwort auf diese Frage. Wie immer eine solche Antwort im konkreten Falle der einzelnen Maßnahmen lauten mag, sie muß stets aus dem marktwirtschaftlichen Ordnungsrahmen hergeleitet und insofern in der Regel anders begründet sein als eine entsprechende Maßnahme in einer Planwirtschaft: Bei der Begründung von staatlichen Aktivitäten im Bereich der Forschungspolitik ist in einer Marktwirtschaft gewissermaßen die Beweislage und Unschuldsvermutung genau entgegengesetzt zu der der Planwirtschaft. Dies bedeutet zugleich, daß die gezielte Beeinflussung der Ressourcenallokation durch den Staat – als solche ist Forschungsförderung volkswirtschaftlich zu klassifizieren – in einer Marktwirtschaft nicht prinzipiell ausgeschlossen ist, sondern daß sie im Rahmen strenger und restriktiver Maßstäbe sowohl möglich als auch geboten sein kann. Die marktwirtschaftliche Ordnungsidee wirkt nicht durch Grundsatztreue, sondern durch Überzeugungskraft. Gerade deshalb ist sie keine Ideologie – wie manche ihrer Kritiker behaupten.

Mit den vorangegangenen Überlegungen ist die ordnungspolitische Problematik der praxisnahen Forschungsförderung skizziert worden. Sie gilt uneingeschränkt auch für das informationstechnische Konzept der Bundesregierung. Nachfolgend sind die wichtigsten Maßnahmen dieses Programms darzustellen, in volkswirtschaftlicher Hinsicht zu systematisieren und einer kritischen Würdigung zu unterziehen.

4.2 *Die Zielsetzung*

Das Konzept „Informationstechnik" besteht aus rund 40 Einzelmaßnahmen, die von der Regierung fünf ressortübergreifenden Aufgabenfeldern zugeordnet sind:

„1. *Verbesserung der marktwirtschaftlichen Rahmenbedingungen* und damit auch der *Wettbewerbsfähigkeit* der Bundesrepublik und Europas mit besonderem Gewicht auf Risikokapital, Marktöffnung und innovationsorientierter öffentlicher Beschaffung.
2. *Motivierung der Menschen*, sich der technischen Herausforderung zu stellen, durch *Information* über Zukunftsoptionen und durch verstärkte Berücksichtigung der Informations- und Kommunikationstechniken im *Bildungsbereich*.
3. *Belebung innovationsorientierter Märkte* durch zukunftsorientierten *Ausbau der Kommunikationsinfrastruktur* und Innovationen im Endgerätebereich.
4. *Verbreiterung der Technologiebasis* zur langfristigen *Sicherung der Verteidigungsfähigkeit* der Bundesrepublik.
5. *Verstärkung und Konzentration der Forschungskapazität* der Bundesrepublik auf dem Gebiet der Informationstechnik mit dem Ziel, im öffentlichen und privaten Bereich eine FuE-Kapazität zu entwickeln, die auf Schwerpunktgebieten in Qualität und Quantität den Anforderungen des künftigen internationalen Wettbewerbs entspricht."[45]

Die in den genannten Aufgabenfeldern geplanten oder bereits in Angriff genommenen Maßnahmen werden im Bericht der Regierung hinsichtlich ihrer Zielsetzung und Ausgestaltung beschrieben. Für das Aufgabenfeld „Forschung und Technologie" werden die für den Zeitraum 1984 bis 1988 vorgesehenen finanziellen Aufwendungen der Förderung mitgeteilt. Aufgrund der vorliegenden Informationen ist es möglich, die einzelnen Maßnahmen nach volkswirtschaftlichen Kriterien zu klassifizieren, wobei nach der Eingriffsart und der Allokationswirkung (Eingriffsintensität) unterschieden wird. Aus der Kombination der fünf Aufgabenfelder

I. Rahmenbedingungen zur Förderung der Informationstechnik
II. Bildung und Information
III. Technische Kommunikation
IV. Wehrtechnik
V. Forschung und Technologie

mit den hier unterschiedenen 20 Eingriffsarten ergibt sich ein Übersichtstableau, in das die erwähnten 40 Einzelmaßnahmen in ökonomisch zweckmäßiger Weise eingeordnet werden können (vgl. Übersicht 5). Dabei werden die Einzelmaßnahmen mit der Gliederungsziffer des beigefügten Maßnahmenverzeichnisses benannt (vgl. Übersicht 6). Wenngleich die Maßnahmenbeschreibungen im Bericht der Bundesregierung in manchen Fällen insbesondere hinsichtlich der konkreten Ausgestaltung und Abwicklung nicht detailliert genug sind, um eine eindeutige Zuordnung vorzunehmen, liefert das Aufgabenfeld-Eingriffsart-Tableau doch wichtige Informationen zur ökonomischen Beurteilung der forschungspolitischen Aktivitäten im Bereich von Information, Kommunikation und Mikroelektronik.

[45] BMFT, Informationstechnik a.a.O., S. 8 (Hervorhebung vom BMFT).

Übersicht 5

Maßnahmen[1] des Bundes zur Förderung der Mikroelektronik der Informations- und Kommunikationstechnik nach Aufgabenfeldern und Eingriffsarten

Eingriffsarten	Aufgabenfelder	I. Rahmenbed. zur Förderung der Informationstechnik	II. Bildung und Information	III. Technische Kommunikation	IV. Wehrtechnik	V. Forschung und Technologie
1.	Unmittelbare Zielerfüllung durch Staat					
1.1	Eigenproduktion					a1
1.2	Marktentnahme für					
1.2.1	Eigenbedarf	31, 32	6	8	x	
1.2.2	Kostenlose Bereitstellung	44	1, 2, 3, 4, 5			
1.2.3	Verkauf unter Kosten					a2
1.2.4	Verkauf bei Kostendeckung			1, 2, 3, 4, 5, 6		
2.	Staatlich geförderte Zielerfüllung					
2.1	Kostenbegünstigung					
2.1.1	Abw. vom Prinzip der Allgemeinverbindlichkeit der Rahmenbedingungen					
	z. B. Steuerermäßigung					
	Ausnahmeregelung bei Geboten und Verboten					
2.1.2	Spezielle Realtransfers gem. II					
	z. B. Komplementärinvestitionen					b11, b12, b14
	Zielgerichtete Ausformung des Bildungssystems					
	Anwendungsorientierte Grundlagenforschung					a3, b15, b16
2.1.3	Reale Vermögenstransfers					
	z. B. Bereitstellung von Grundstücken					
2.2	Erlösbegünstigungen					
2.2.1	Angebotsbeschränkungen					
2.2.1.1	Importbeschränkungen					
2.2.1.2	Beschränkungen d. Substitutionskonkurrenz					
2.2.1.3	Zulassungsbeschränkungen					
2.2.2	Nachfrageschaffung					
2.2.2.1	Abnahmegarantie					
2.2.2.2	Verwendungsauflagen					
2.2.2.3	Pilotprojekte					
2.2.3	Subventionen					b13, b21, b22, b23, b24, b31
3.	Zielerfüllung durch Privatwirtschaft					
3.1	Allgemeine Rahmenbedingungen	22, 43				
3.2	Beseitigung von Inkonsistenzen	1.		7		
3.3	Verbesserung der Wettbewerbsbedingungen	21, 23, 41				
3.4	Allgemeine Risikopolitik					

[1] Zusammengestellt nach: Bundesminister für Forschung und Technologie (Hrsg.), „Informationstechnik, Konzeption der Bundesregierung …", Bonn, S. 43ff; die Nummern sind die Gliederungsziffern der Übersicht der Einzelmaßnahmen.

Nachrichtlich: Planungen 1984–1988 für Forschung und Technologie (V) in Mill. DM

Verkäufe unter Kosten	100
Komplementärinvestitionen	1040
Anwendungsor. G.V.	380
Subventionen	1140

Übersicht 6

Die Einzelmaßnahmen des Bundes zur Förderung der Entwicklung der Mikroelektronik, der Informations- und Kommunikationstechniken

1.	Maßnahmen und Rahmenbedingungen zur Förderung der informationstechnischen Industrie	
1.1	Freier Welthandel in der Informationstechnik	
1.2	Europäische Zusammenarbeit	
1.2.1	im Bereich Normung	
1.2.2	Esprit-Programm	
1.2.3	Liberalisierung der öffentlichen Beschaffungsmärkte	
1.3	Innovation bei öffentlicher Beschaffung	
1.3.1	Innovationsfreundliche Gestaltung der Bedingungsordnung für Leistungen	
1.3.2	Pilotbeschaffung	
1.4	Offenlegung von Schnittstellen und Kommunikationsverfahren	
1.4.1	Bei eigenen Beschaffungen offizielle Normen	
1.4.2	Modellversuch technologieorientierte Unternehmensgründung (TOU)	
1.4.3	Rahmenbedingungen bei Risikokapital junger Unternehmen	
1.4.4	Förderung der Kooperation in der Fachinformation	
2.	Bildung und Information	
2.1	Allgemeinbildendes Schulwesen	
2.2	Informationstechnik und berufliche (Erst-) Ausbildung – Modellversuchsprogramm	
2.3	Hochschulen – Computerfonds für Arbeitsplatzrechner	
2.4	Weiterbildung	
2.5	Internationale Konferenz „1984 und danach“	
2.6	Studien zur Arbeitsplatzwirkung der Informationstechnik	
3.	Technische Kommunikation	
3.1	Aufbau eines digitalisierten Fernmeldenetzes und Einführung der optischen Nachrichtentechnik (Mittelfristiges Programm)	
3.2	Ausbau des ISDN	
3.3	Breitband-ISDN und optische Nachrichtentechnik	
3.4	Funktelefondienste	
3.5	Breitband-Verteilnetze	
3.6	Hochauflösendes Fernsehen	
3.7	Liberale Zulassungspolitik bei Endgeräten	
3.8	Kommission zur Überprüfung der Strukturen im Post- und Fernmeldewesen	
4.	Wehrtechnik und Friedenssicherung	
5.	Forschung und Technologie	
		1984–1988 DM
5.1	Forschung	
5.1.1	Kommunikation zwischen Industrie und Forschungsinstituten	
5.1.2	Entwicklung eines „Deutschen Forschungsnetzes“ DFN	100 Mill.
5.1.3	Verstärkung der informationstechnischen Grundlagenforschung der DFG	100 Mill.
5.2	Technologie	
5.2.1	Elektrotechnische Bauelemente	
5.2.1.1	Sonderprogramm Mikroperipherik	320 Mill.
5.2.1.2	Rechnergestützter Entwurf (CAD) für integrierte Schaltungen	90 Mill.
5.2.1.3	Mikroelektronische Schlüsselkomponente	90 Mill.
5.2.1.4	Submikronprojekt	600 Mill.
5.2.1.5	Neue Bauelemente-Technik	200 Mill.
5.2.1.6	Integrierte Optik	80 Mill.
5.2.2	Elektronische Datenverarbeitung	
5.2.2.1	Rechnergestützter Entwurf (CAD) bei Computer und Software	160 Mill.
5.2.2.2	Neue Rechnerstrukturen	160 Mill.
5.2.2.3	Wissenerkennung und Mustererkennung	200 Mill.
5.2.2.4	Personalkostenzuschüsse an Software-Unternehmen	
5.2.3	Industrielle Automation	
5.2.3.1	Forschungsprogramm Fertigungstechnik	530 Mill.

Zusammengestellt nach: Bundesminister für Forschung und Technologie (Hrsg.), „Informationstechnik, Konzeption der Bundesregierung …“, Bonn 1984, S. 43ff.

4.3 Zielerfüllung und Maßnahmen

Es wurde zu Beginn dieses Kapitels darauf hingewiesen, daß der Staat bei der Formulierung seiner Ziele relativ frei ist, sofern er bei der Wahl der hierzu einzusetzenden Mittel nicht mit seinen Bürgern in Konflikt gerät. Dies ist dann nicht der Fall, wenn diese selbst an der Zielerfüllung interessiert sind und hierfür freiwillig die notwendigen Mittel bereitstellen. Bei dieser Interessenidentität kann der Staat darauf vertrauen, daß seine Ziele ohne spezielle Förderung auf privatem Wege erfüllt werden (z. B. Versorgung der Bevölkerung mit Brot).

Im Gegensatz zu dieser ausschließlichen privatwirtschaftlichen Form der Zielerfüllung steht die unmittelbare Zielerfüllung durch den Staat. Dieser nimmt die Aufgabenerfüllung gewissermaßen in die eigenen Hände, indem er im äußersten Falle die hierzu notwendigen Produktionsfaktoren (Arbeitskräfte und Kapital) selbst beschäftigt und damit zugleich auch bestimmt, in welcher Art und Weise das jeweilige Ziel erreicht wird (z. B Verteidigung, Bildung).

Zwischen beiden Extremfällen der Zielerfüllung ist die sich des Mittels des Anreizes und der Strafe, des Gebots und Verbots bedienende interventionistische Form der Einflußnahme angesiedelt. Hierbei versucht der Staat, die für das einzelwirtschaftliche Verhalten maßgebenden Marktgrößen auf direktem oder indirektem Wege so zu beeinflussen, daß die Privaten das vom Staat favorisierte Ziel „im eigenen Interesse“ verfolgen.

Die genannten drei Formen der Zielerfüllung unterscheiden sich naturgemäß durch ein sehr unterschiedliches Engagement des Staates, durch eine sehr unterschiedliche Intensität des Einsatzes der hoheitlichen Zwangsmittel, durch sehr unterschiedliche Eingriffsnähe in bezug auf die jeweils erwünschte Form der Ressourcennutzung und nicht zuletzt durch ein unterschiedliches Maß der Aufgabenfinanzierung durch Steuern und Abgaben.

Im Konzept der Bundesregierung zur Förderung der Mikroelektronik, Informations- und Kommunikationstechnik werden alle drei Formen der Zielerfüllung praktiziert, teils als Folge der Eigenart des jeweiligen Aufgabenfeldes, teils als Folge der Eigenart der Einzelmaßnahme. Nachfolgend sollen die entsprechenden Aktivitäten unter ökonomischen Aspekt dargestellt und beurteilt werden.

4.3.1 Zielerfüllung durch die Privatwirtschaft

Entsprechend dem Subsidiaritätsprinzip hat in einer marktwirtschaftlichen Ordnung die privatwirtschaftliche Zielerfüllung Vorrang vor der staatswirtschaftlichen Zielerfüllung. Dabei legt der Staat einen Ordnungsrahmen fest in Gestalt von allgemein verbindlichen Normen, Geboten und Verboten, die ausnahmslos für jedermann uneingeschränkt gelten, ohne Rücksicht auf die möglicherweise unterschiedlichen Wirkungen. Andererseits hat der Staat aber auch darauf zu achten, daß es nicht zu unbeabsichtigten, mit seinen Vorstellungen vom Gemeinwohl im Widerspruch stehenden Diskriminierungen und Beschränkungen bei einzelnen Formen der wirtschaftlichen Betätigung kommt. Die Beseitigung von Inkonsistenzen und Widersprüchen in den gesamtwirtschaftlichen Rahmenbedingungen der einzelwirtschaftlichen Betätigung ist insofern eine wichtige Aufgabe staatlicher Ordnungspolitik. Dabei hat er insbesondere dafür zu sorgen, daß

die für die privatwirtschaftliche und unternehmerische Entfaltung wichtigen Risikoprämien – die Entlohnung für die Übernahme von Risiken – gesamtwirtschaftlich in ausreichendem Maße entstehen können. Die sich in diesem „Datenkranz" entwickelnde private Nutzung von Arbeit und Kapital kann in mehr oder weniger effizienter Weise erfolgen – je nach den jeweils vorherrschenden Wettbewerbsbedingungen. Sie zu gewährleisten und ihre Effizienz zu überwachen ist Aufgabe der Wettbewerbspolitik.
Von den im Konzept der Bundesregierung vorgesehenen Maßnahmen sind sieben der Ordnungspolitik im beschriebenen Sinne zuzurechnen. Zu nennen sind insbesondere die Bemühungen zur Liberalisierung des internationalen Handels im Bereich der Informationstechnik, Kommunikation und Mikroelektronik, die Liberalisierung der öffentlichen Beschaffungsmärkte, sowie die Bemühungen zur Offenlegung und Normung von Schnittstellen mit Standardcharakter. Daß die Bundesregierung im Rahmen ihres Beschaffungswesens und im Felde der europäischen Zusammenarbeit beispielgebend wirken möchte, ist zu begrüßen. Mit dieser Art der Förderung werden für die Informationstechnik zumindest teilweise ähnliche Handels- und Entwickungsbedingungen geschaffen, wie sie auch für viele andere Techniken und Produktionen bestehen. Deshalb handelt es sich bei den genannten Maßnahmen nicht um Begünstigungen, sondern um den Abbau von Hemmnissen und Nachteilen, die sowohl die Reichweite als auch die Effizienz der Wettbewerbssteuerung begrenzen. Sie sind unter ordnungspolitischem Gesichtswinkel nicht nur erwünscht, sondern auch geboten.

4.3.2 Staatlich geförderte Zielerfüllung

Während die vorgenannten staatlichen Maßnahmen auf die Entstehung von leistungsfähigen Märkten im Bereich von Information und Kommunikation gerichtet sind, handelt es sich bei dem im folgenden zu beschreibenden Maßnahmenbündel durchweg um gestaltende Interventionen, um die Setzung von speziellen Rahmenbedingungen und Daten mit dem Ziel, die Marktbedingungen für Informationstechnik, Kommunikation und Mikroelektronik zu beeinflussen. Auf diese Weise wird die einzelwirtschaftliche Wirtschaftlichkeit für unternehmerische Betätigung in diesem Felde verbessert, und zwar jeweils im Verhältnis zu den konkurrierenden Formen der privatwirtschaftlichen Nutzung von Arbeit und Kapital. Es liegt auf der Hand, daß die forschungspolitische Aktivität des Staates in diesem Eingriffsbereich konzentriert ist. Die weit verbreitete Kritik an der Forschungspolitik richtet sich vor allem gegen interventionistische Maßnahmen der genannten Art.
Letztlich geht es bei diesen Interventionen darum, einen Teil der bei Entwicklung und Ausbreitung der geförderten Technologie entstehenden volkswirtschaftlichen Kosten der Allgemeinheit statt den speziellen Nutzern in Rechnung zu stellen. Die hierbei angewandten Verfahren unterscheiden sich hinsichtlich der Übertragung und Überwälzung von Kosten auf „die Allgemeinheit" ganz erheblich, doch wirken sie alle in die gleiche Richtung: Die Produktion und Verwendung von Erzeugnissen der modernen Informationstechnik sollen attraktiver werden, die hierbei verwendeten Arbeitskräfte und Kapitalgüter sollen besser und bei geringerem Risiko entlohnt werden – stets zu Lasten der übrigen Faktoren und deren Realeinkommen.
Die Interventionen zugunsten der Informationstechnik sind im wesentlichen angebotsorientiert. Sie sind darauf gerichtet, die in diesem Bereich tätigen inländischen Produ-

zenten zu fördern, ihre Wettbewerbsfähigkeit gegenüber ausländischen Anbietern zu erhöhen. Dies gilt insbesondere für die meisten, mit finanziellen Beträgen ausgestatteten Förderungen im Aufgabenfeld „Forschung und Technologie". Bei den dort für die Jahre 1984 bis 1988 ausgewiesenen Ansätze handelt es sich um Subventionen, spezielle Realtransfers zugunsten der informationstechnischen Grundlagenforschung, sowie um seitens des Staates kostenlos bereitgestellte informationstechnische Komplementärinvestitionen. Auf diese Unterscheidungen und Abgrenzungen wird später noch einzugehen sein.

Angesichts der Ausrichtung jener Maßnahmen auf die inländischen Produzenten stellt sich die Frage, warum die inländische Produktion überhaupt einer speziellen Förderung bedarf, warum man sie speziellen Bereichen der Informationstechnik die Regeln der internationalen Arbeitsteilung durch staatliche Interventionen modifiziert und sie nicht – wie bei den meisten anderen Produkten und Techniken – uneingeschränkt befolgt. Sofern ausländische, insbesondere US-amerikanische und japanische Anbieter leistungsfähiger sind als deutsche Anbieter, wäre es doch naheliegend, deren Überlegenheit auf dem Wege des internationalen Handels für unsere Volkswirtschaft zu nutzen, statt durch Interventionen bei jenen speziellen Produkten eine möglicherweise nur schwer erreichbare Wettbewerbsfähigkeit der eigenen Wirtschaft anzustreben.

Dies ist die zentrale ökonomische und politische Frage, mit der sich die Forschungspolitik, auch die im Bereich der Informationstechnik, zu befassen hat. In der Begründung ihrer Konzeption weist die Bundesregierung darauf hin, daß der internationale Wettbewerb auf dem Gebiet von Information, Kommunikation und Mikroelektronik in erheblichem Umfang durch staatliche Maßnahmen der verschiedenen Länder, vor allem USA und Japan, geprägt wird. Die erheblichen Impulse, die jene Produkte und Techniken seitens der militärischen Forschung der USA und der gezielten industriepolitischen Strategie Japans erhält, gibt beiden Ländern einen internationalen Entwicklungsvorsprung, den die deutsche informationstechnische Industrie ohne geeignete Hilfen und Unterstützung des Staates möglicherweise nicht ausgleichen kann.

Gewiß kann man diesen Vorsprung als Ausdruck eines zwar nicht natürlichen, sondern durch staatliche Aufwendungen erzielten komparativen Vorteils beider Länder interpretieren. Schließlich steht es jeder Volkswirtschaft frei, sich eigene komparative Vorteile zu verschaffen, die ja – zumindest bei Vollbeschäftigung – mit komparativen Nachteilen bei nicht geförderten Aktivitäten und Produkten erkauft wird.

Im Falle der USA bedeutet dies, daß ihre absolut und relativ hohen Militärausgaben zwar für die Bevölkerung und die nicht als Zulieferer des Verteidigungsministeriums tätigen Industrien eine erhebliche Belastung darstellen. Als Gegenleistung erhalten sie jedoch – neben militärischer Sicherheit – hochmoderne Technologien und Produkte, die zum Nutzen der eigenen Volkswirtschaft bei nicht-militärischen Produktionen sowie im internationalen Handel verwendet werden können. Dabei bleibe dahingestellt, ob sich die Förderung von modernen Technologien für die USA und Japan per Saldo „rechnet", ob ihr Nutzen für den materiellen Wohlstand der Bevölkerung größer ist als ihre Kosten.

Aus der Sicht der Bundesrepublik ist diese Frage irrelevant. Für sie ist entscheidend, daß ausländische Regierungen Zielsetzungen und Programme verfolgen, durch die bestimmte Industrien, Produkte und Techniken forciert werden, so daß diese im internationalen Wettbewerb eine überlegene Position erhalten. Ist es ökonomisch vernünftig, wenn sich die eigene Industrie aus jenem Tätigkeitsgebiet zurückzieht und es der mit staatlicher Nachfrage und Unterstützung geförderten ausländischen Konkurrenz überläßt?

Die Antwort auf diese Frage hängt von der Vorstellung ab, die man mit der Idee des internationalen Handels verbindet. Sofern man hierin nur ein Instrument der Wohlstandssteigerung sieht, wäre es sinnvoll, alle sich bietenden materiellen Austauschvorteile zu nutzen, unabhängig von den Bedingungen und Umständen ihrer Entstehung. Nach dem Motto: „Geschenke werden jederzeit angenommen" würde sich die eigene Industrie aus allen im Ausland subventionierten oder sonst wie staatlicherseits privilegierten Produktionen zurückziehen, eben weil diese zu attraktiven Bedingungen importiert werden können. Sofern hierdurch im Inland Arbeitsplätze unwirtschaftlich werden, sorgt der Markt – nach einer mehr oder weniger langen Anpassungszeit – dafür, daß die Freisetzungen hier durch neue Beschäftigungen an anderer Stelle der Volkswirtschaft kompensiert werden.

Diese klassische Antwort auf die hier dargestellte Problematik setzt ein ganz erhebliches Maß an Anpassungsflexibilität der heimischen Wirtschaft voraus. Sie reduziert die Wirtschaftspolitik auf ein risikoloses Maximierungskalkül, in dem die Unternehmer und Arbeitnehmer nahezu unendlich flexibel sind und die Flexibilität keine Kosten verursacht. Diese Position ist zwar auf den ersten Blick ökonomisch vernünftig, ihre Schwäche besteht aber gerade darin, daß sie ein Freibrief für das Ausland ist, spezielle Industrien – mit welcher Begründung auch immer – massiv zu fördern, kann die ausländische Regierung doch sicher sein, daß sich die Mitkonkurrenten aus dem Markt verdrängen lassen. Dieser Verdrängungseffekt ist vor allem gegenüber solchen Ländern von großem Vorteil, die aufgrund ihres Entwicklungsstandes in der Lage sind, anspruchsvolle Technologien und Produkte anzubieten. In dem Maße wie das nicht-fördernde Land als Produzent weicht, wird es zugleich Nachfrager für das fördernde Land.

Die ordnungspolitische Problematik von Interventionen wirkt mithin über den nationalen Rahmen hinaus. Streng genommen sind die für die internationale Arbeitsteilung maßgebende Bewertungsregeln nur im Verhältnis von solchen Ländern verbindlich, die ähnlichen ordnungspolitischen Spielregeln folgen, die insbesondere die Neutralitätsverpflichtung des Staates gegenüber den verschiedenen Formen der Ressourcennutzung anerkennen. Im Falle der wettbewerblichen Unterlegenheit einer Branche gegenüber dem Angebot aus planwirtschaftlichen Ländern ist dieser Grundsatz unmittelbar einleuchtend. Er gilt aber – zumindest theoretisch – auch gegenüber allen Ländern, die eine gezielte strukturgestaltene Wirtschaftspolitik betreiben. Gewiß mag niemand diese Konsequenz ziehen, da sie zu einer erheblichen Einschränkung des Kreises der Länder führen würde, die als ordnungskonforme Handelspartner akzeptabel wären.

Die praktische Wirtschaftspolitik wird es sich kaum leisten können, die extremen Positionen: „Geschenke werden jederzeit angenommen" oder „nur ordnungskonform handelnde Partner werden zugelassen" einzunehmen. Sie wird zwischen beiden Positionen agieren müssen, und dies schließt ein, daß sie pragmatisch und von Fall zu Fall zu entscheiden hat, welche der beiden Positionen angemessen erscheint. Dabei wird sie in Zeiten allgemein ungünstiger wirtschaftlicher Entwicklung und hoher Arbeitslosigkeit

eher zum ordnungspolitisch gerechtfertigten Nachteilausgleich bereit sein, als in Zeiten hohen Wachstums und günstiger Beschäftigungsentwicklung.
Die forschungspolitischen Interventionen unterscheiden sich hinsichtlich ihrer Wirkung auf die Preisbildung. Dabei ist davon auszugehen, daß Einkommensübertragungen an Unternehmen (Subventionen) den Preisbildungsprozeß verhältnismäßig wenig stören, so daß die Nachfrager der geförderten Produkte und Leistungen keine höheren oder niedrigeren Preise wie ihre internationalen Konkurrenten zu zahlen haben. Sie sind völlig frei in der Wahl ihrer Bezugsquellen und können in vollem Maße von der Förderung des Auslandes im Bereich von Information und Kommunikation profitieren. Insofern entstehen ihnen aus der Förderung der heimischen informationstechnischen Industrie keine Nachteile. Subventionszahlungen sind deshalb als Intervention mit geringer Eingriffsintensität zu charakterisieren. Die Forschungspolitik der Bundesregierung hat sich bei sieben Einzelmaßnahmen für diese Art der Förderung entschieden. Abgesehen von dem im Aufgabenfeld I nachgewiesenen Projekt der „Technologieorientierten Unternehmensgründung (TOU)" handelt es sich um

- die Förderung der Entwicklung für ausgewählte mikroelektronische Schlüsselkomponenten (90 Mill. DM),
- die Förderung der Entwicklung von rechnergestützten Entwurfmitteln für Computer und Software (160 Mill. DM),
- die Dotierung des Förderschwerpunkts „Neue Rechnerstrukturen" (160 Mill. DM),
- die Förderung von zukunftsweisenden Lösungen der Mustererkennung und Wissensverarbeitung (200 Mill. DM) sowie
- das Forschungsprogramm Fertigungstechnik im Rahmen der Förderung der industriellen Automation (530 Mill. DM).

Ferner sind Personalkostenzuschüsse an Software-Unternehmen vorgesehen, deren Höhe nicht mitgeteilt wird. Die genannten Beträge beziehen sich auf die Jahre 1984 bis 1988. Die nach den vorliegenden Informationen als Subventionen zu klassifizierenden Einzelmaßnahmen werden insgesamt mit 1,14 Mrd. DM ausgestattet.
Bei einer zweiten Maßnahmegruppe handelt es sich um die Förderung von speziellen Projekten der informationstechnischen Grundlagenforschung. Hierzu zählen entsprechende Dotierungen der deutschen Forschungsgemeinschaft sowie

- die Finanzierung des Förderschwerpunkts „neue Bauelemente" (200 Mill. DM),
- die Förderung der integrierten Optik (80 Mill. DM).

Die genannten Maßnahmen unterscheiden sich von den Subventionen insbesondere dadurch, daß sie nicht von Unternehmen, sondern von gemeinnützigen Forschungseinrichtungen ausgeführt werden. Gewiß ist zuzugestehen, daß die Abgrenzung zwischen anwendungsorientierter und reiner Grundlagenforschung mehr oder weniger willkürlich ist und es ebenfalls vertretbar wäre, die genannten Förderungen dem Bereich der allgemeinen Staatsaufgaben zuzuweisen. Mit der Klassifizierung als spezielle Realtransfers soll zum Ausdruck gebracht werden, daß diese Förderung bei sehr marktnahen Produkten und Aufgaben ansetzt, so daß der Staat durch diese Aktivität den entsprechenden Unternehmen eigene Forschungsaufwendungen erspart.
Weitere spezielle Realtransfers leistet der Staat in Gestalt von „Komplementär-Investitionen". Hierunter sind Fördermaßnahmen zu verstehen, die gewissermaßen eine allgemeine Grundlage für alle in diesem Bereich tätigen Unternehmen darstellen und

die die unternehmenseigene Forschung komplementär ergänzen. Die Finanzierung umfaßt

- das Sonderprogramm Mikroperipherik (320 Mill. DM)
- Entwicklungsaufgaben auf dem Gebiet des rechnergestützten Entwurfs von integrierten Schaltungen (90 Mill. DM),
- die Entwicklung der Submikrontechnologie (600 Mill. DM).

4.3.3 Unmittelbare Zielerfüllung durch den Staat

Die Übernahme von Forschungs- und Entwicklungsaufgaben durch den Staat selbst ist die direkteste Form der staatlichen Forschungsförderung. Während der Staat bei den bisher beschriebenen Maßnahmen grundsätzlich auf die Leistungsfähigkeit der Privatwirtschaft und des Marktes vertraut und mittels finanzieller Anreize und Kostenübernahme subsidiär tätig wird, hält er die Marktlösung bei einer Reihe von forschungspolitischen Zielen im Bereich von Informationstechnik, Kommunikation und Mikroelektronik – aus welchen Gründen auch immer – für nicht zweckmäßig. Mit seiner informationstechnischen Aktivität erfüllt er insofern eine den Spielregeln des Marktes bewußt entzogene Aufgabe, wobei er sich seiner hoheitlichen Gewalt bei der Durchsetzung seiner Zielvorstellungen bedient.
Dabei kann er prinzipiell zwischen zwei Formen der Zielerfüllung wählen: Er kann die Produktion der von ihm erwünschten Leistung im Wege der Auftragsvergabe und des Kaufes an die Privatwirtschaft übertragen oder er kann selbst als Produzent tätig werden. Im ersten Falle nutzt er das Wissen und die Effizienz der privaten Unternehmen für seine Zwecke, tritt gewissermaßen in der Phase der Leistungserstellung als Marktteilnehmer auf, entscheidet aber völlig frei über die Verwendung der Produktion. Dabei kann er die in seinem Auftrag von den privaten Unternehmen erstellten Leistungen den Nutzern gegen Berechnung der vollen Kosten oder gar unentgeltlich zur Verfügung zu stellen. Je nach dem Grad der hierbei erreichten Kostendeckung und der Beschränkung der Leistung auf bestimmte Arten von Unternehmen und Branchen wird er fördernd und gestaltend tätig. Der Transfer vom Staat zu den Begünstigten vollzieht sich nicht wie im Falle der Subventionen durch Geldleistungen, sondern durch Sachleistungen.
Die Maßnahmen des Staates im Aufgabenfeld „Technische Kommunikation" (III) stellen eine besondere Form der forschungspolitischen Aktivität dar. Hierbei handelt es sich im wesentlichen um die der Deutschen Bundespost aus ihrer Monopolstellung erwachsenden Aufgaben im Bereich der technischen Kommunikation. Kennzeichnend für diese Maßnahmen ist, daß die Bundespost ihre dem Markt entnommenen Leistungen den Benutzern ihrer Dienste zu vollen Kosten in Rechnung stellt. Sie verhält sich insofern wie ein privates Unternehmen, das durch den Staat mit einem Monopolprivileg ausgestattet ist. Es ist offensichtlich, daß aus dieser privilegierten Stellung eine besondere entwicklungspolitische Verpflichtung erwächst, doch ist es zweifelhaft, ob die aus der Wahrnehmung dieser Aufgaben resultierenden Planungen und Maßnahmen als eine spezielle Form der Forschungsförderung angesehen werden können. Die Bundespost operiert in diesem Feld ihre Aktivität nach unternehmerischen Grundsätzen. Die Zweckmäßigkeit ihrer Entscheidungen in Frage zu stellen, ist gleichbedeutend mit einer

Kritik an der Zweckmäßigkeit des Postmonopols in diesem Bereich. Streng genommen ist das Prinzip der Kostendeckung nur bei privatwirtschaftlich-wettbewerblicher Organisation der Leistungserstellung sinnvoll, weil Kostenkontrolle nur unter Wettbewerbsbedingungen möglich ist. Der Gewinn eines durch Marktzutrittsbeschränkung geschützten Monopolisten ist kein Beleg für volkswirtschaftlich erfolgreiches Handeln. Ein natürliches Monopol, das Gewinn erwirtschaftet, ist volkswirtschaftlich möglicherweise weniger effizient als ein im Wettbewerb stehendes Unternehmen, das Verlust macht.

5. Zusammenfassung und Schlußfolgerungen

5.1 Informationstechnik als Herausforderung

Mit der Informationstechnik erleben wir eine technologische Herausforderung und Umwälzung, die bisherige Strukturen in Frage stellt und das wirtschaftliche Wachstum nachhaltig beeinflußt. Das ist in Kapitel 3.2 beschrieben worden. Da diese „Revolution“ überdies weltweit stattfindet, und da die deutsche Wirtschaft immer „auslandsintensiver“ handelt, kann die mehr oder weniger geglückte Aufnahme und Umsetzung dieser neuen Technologie zur Existenzfrage werden.[46] Eine Diskussion also, ob diese Herausforderung angenommen werden soll, ist müßig. Wenn sie andere (Konkurrenz-) Länder annehmen, ist hier keine Ausnahme zugelassen. Es geht letztlich um die Aufrechterhaltung der internationalen Wettbewerbsfähigkeit (vgl. zweites Kapitel).

Die Bedeutung der Informationstechnologie für die Volkswirtschaft ist kaum an statistischen Daten zu messen, da es sich um eine neue Technologie handelt, die am Beginn der Diffusion steht. Versuche, die Bedeutung in den letzten Jahren mit Hilfe einer Verflechtungsmatrix (nach Produzenten und Abnehmern) darzustellen, sind deshalb wenig aussagefähig (vgl. hierzu Kapitel 3.1). Die Dynamik der Technologie läßt sich an vier Bewegungen ablesen, an deren Anfang wir stehen:

- Beschleunigung des Produktzyklus,
- Neue Akzente der Kooperation und der Dimension bei Forschung und Entwicklung,
- Neue Anwendungsgebiete,
- Automatisierungschancen auch für kleine Betriebseinheiten.

Zu fragen ist, wie die Privatwirtschaft mit dieser Dynamik fertig wird, denn sie ist in erster Linie aufgefordert, sich der Herausforderung zu stellen, da die marktwirtschaftliche Wirtschaftsordnung durch dezentrale Entscheidungen der Wirtschaftssubjekte getragen wird.

Westeuropa – und damit auch die Bundesrepublik Deutschland – ist gegenüber den Hauptkonkurrenten auf dem Weltmarkt (USA, Japan) in Rückstand geraten, was die Kreierung der Technik und die Penetration der Märkte mit dieser Technik anbelangt. Das weisen jedenfalls sog. Frühindikatoren aus, die sich auf die Entwicklung der Hochtechnologie in den nächsten Jahren beziehen: Ein solcher Frühindikator sind die Auslandspatentanmeldungen der Unternehmen, die zur Absicherung des Weltmarktes dienen und die gerade deshalb ein zuverlässiges Signal abgeben.

Forschungsphilosophie, Automatisierungs- und Absatzstrategie der Unternehmen sind entscheidend für die Diffusion einer neuen Technologie (vgl. hierzu Kapitel 2). Bei der Forschungsphilosophie ist zu erkennen, daß deutsche Unternehmen althergebrachte Gebiete oft zulange weiterverfolgt haben, um eine perfekte Präzision zu erreichen; andere, neue Techniken, die oft auf anderen Disziplinen aufbauten, wurden erst spät gesehen und verfolgt. Dazu kam der Verlust der engen Zusammenarbeit in der Grundlagenforschung mit den Universitäten, was meist von den Universitäten verursacht war: Man wollte eine strikte Trennung zwischen Grundlagenforschung und angewandter Forschung, von „Kommerz und Gemeinnützigkeit“. Die Automatisierungsstrategie hat

[46] Dabei ist die Akzeptanz vom importierten *und* eigenentwickelten Technologien zu berücksichtigen.

lange Zeit Vorrang gehabt. Bestehende Produktionsaggregate sollten kostengünstiger arbeiten, was zwangsläufig für Produktinnovationen Nachteile brachte. Die Absatzstrategie war ebenfalls gekennzeichnet durch regionale und sektorale Tradition: Penetration in vorgezeichnete, lange Zeit bearbeitete Märkte, kaum Aufschließung neuer Märkte, Produktinnovationen hatten in sektoraler Hinsicht keinen Vorrang.
Somit ist im eigentlichen Sinn kein „Marktversagen" festzustellen, was dann wohl den Staat auf den Plan rufen müßte, sondern hier war eine mangelnde Anpassungsflexibilität zu konstatieren, die – genügender Zeitspielraum und entsprechende Duldung durch die Konkurrenz vorausgesetzt – überwunden werden kann.
Die Aufgabe des Staates und der Kommunen kann also kaum darin bestehen, die Flexibilität durch mehr oder weniger direkte Eingriffe nachhaltig zu beeinflussen. Es stellt sich also die Frage nach der Rolle des Staates, weil, wie im ersten Kapitel dargelegt, die Eingriffe und/oder Beeinflussungen durch den Staat vielfältig und vielschichtig waren und sind.

5.2 *Der Staat als Partner*

5.2.1 Übersicht

Als Beurteilungsmaßstab für diese Beeinflussungen und/oder Eingriffe wurde der ordnungspolitische Gesichtspunkt herangezogen (viertes Kapitel). Nach diesem Maßstab sind *drei Aufgabenfelder des Staates und der Kommunen* auszumachen:[47]
– die unmittelbare Zielerfüllung,
– die interventionistische Komponente,
– die subsidiäre Komponente,
In allen drei Feldern werden Staat und Kommunen, bezogen auf die Informationstechnik, tätig. Um das zu exemplifizieren, wird das Programm des BMFT herangezogen. Im Mittelpunkt des Interesses und auch der Kritik an der staatlichen Handlungsweise steht die interventionistische Komponente, während kaum bestritten wird, daß der Staat in den anderen beiden Aufgabenfeldern im Interesse des Gemeinwohls agieren sollte. Hier stehen zwei Problemkomplexe im Vordergrund: Einerseits gibt es Bereiche, die dem dezentralen Entscheidungskomplex verschlossen sind, da sie aus Einzelinteresse gar nicht aufgegriffen werden wollen oder können, so daß, aus Gründen meist außerökonomischer Art, der Staat zum (hoheitlichen) Handeln veranlaßt ist. Das betrifft die Aufgabenfelder Sicherheit sowie Grundlagenforschung und Bildung. Hier ist der Staat im Feld der „unmittelbaren Zielerfüllung" tätig.
Zum anderen geht es darum, der Privatwirtschaft einen (möglichst großen) Freiraum zu schaffen, um das auf dezentralen Entscheidungen aufgebaute Wirtschaften nicht zu behindern, durch „Überbürokratie" beispielsweise den Marktmechanismus zu lähmen und Bedürfnisse zu „verschütten", oder den einzelnen beispielsweise zu veranlassen, nicht mehr auf dem offenen Markt zu agieren, sondern in der Schattenwirtschaft zu fungieren. In diesem subsidiären Aufgabenfeld geht es darum, nicht Begünstigungen auszusprechen, sondern vielmehr Nachteile und Hemmnisse für den (privaten) Unternehmenssektor abzubauen oder dafür zu sorgen, daß sie erst gar nicht entstehen. Die

[47] Vgl. hierzu Kapitel 4, Abschnitte 4.3.1, 4.3.2, 4.3.3.

Anpassungsfähigkeit und Flexibilität von Unternehmen kann durch die Beseitigung von Hemmnissen der angesprochenen Art beschleunigt, oder, vorsichtiger ausgedrückt, positiv beeinflußt werden.

5.2.2 Unmittelbare Zielerfüllung und Informationstechnik

Die Ausgaben für „Wehrtechnik und Friedenssicherung" *(Programmpunkt IV)* sind dem Aufgabengebiet „Sicherheit" zuzuordnen und insofern einer ökonomisch begründeten „Evaluierung" nicht zugänglich. Immerhin war deutlich geworden, daß zwei wesentliche Nebenwirkungen auch die Rolle des Staates im hier betrachteten Bereich berühren (vgl. Kapitel 2.2.4). So ist allein die Tatsache, daß der technische Fortschritt gerade im Rüstungsbereich vorangetrieben wird (keine Akzeptanzprobleme, rasche Diffusionsgeschwindigkeit), und auch die Tatsache, daß hier erhebliche Mittel für Forschung und Entwicklung zum Einsatz gelangen, Ausgangspunkt für eine spürbare Auswirkung von entwickelten und umgesetzten Forschungsergebnissen für die Privatwirtschaft (spill-over-Effekte). Sofern der internationale Technologietransfer auf dem Gebiet der Informationstechnik reibungslos funktionierte, könnten diese Effekte auch Ländern zugutekommen, die keine Rüstungsindustrie unterhalten. Zunehmend wird dieser Transfer in Spitzentechnologien aber behindert, so daß diese Länder sich zunehmend veranlaßt sehen, oder sehen müßten, eigene Entwicklungsanstrengungen zu unternehmen, um diesen Nachteil zu unterlaufen. Die Frage ist, ob diese Anstrengungen nicht in eine spürbare Ausweitung der Grundlagenforschung (also im Bereich der unmittelbaren Zielerfüllung des Staates) münden müßten.
Die Untersuchung der internationalen Wettbewerbsfähigkeit deutscher Unternehmen hatte auch – als die Schwachstellen besprochen wurden – das Verhältnis von Hochschulforschung zur Forschung und Entwicklung in Unternehmen zum Gegenstand. Die Ausstattung der Grundlagenforschung gehört zur „unmittelbaren Zielerfüllung". Insofern ist es folgerichtig, wenn Mittel unter dem *Programmpunkt V, Forschung,* hierfür bereitgestellt werden. Hinzuweisen ist auf amerikanische Erfahrungen im Hinblick auf die Förderung der Hochschulen und der Kooperation von Hochschule und Industrie. Wie Strack nachgewiesen hat, war die Kombination von drei Schwerpunkten sehr erfolgreich: die Bildung von Zentren mit einem interdisziplinären Lehr- und Forschungsprogramm, die Kooperation mit der Wirtschaft der jeweiligen Region, und die Betätigung auf dem Gebiet der Erwachsenenbildung in der jeweiligen Region.[48] Die besondere Förderung der Forschung durch die Industrie, die Gründung von Technologiefirmen, die Notwendigkeit der Interdisziplinarität der Forschung („komplexe Probleme der realen Welt") werden ebenso betont wie der Bildungsbedarf der Bevölkerung (die „Ingenieure in der umliegenden Industrie können wegen des schnellen wissenschaftlichen Fortschritts häufig schon nach fünf bis zehn Jahren nicht mehr von dem Wissen zehren, das ihnen die Hochschulen einmal vermittelt haben"). Insofern wäre der *Programmpunkt II* hier der unmittelbaren Zielerfüllung des Staates zuzuordnen, da hierzulande private Universitäten unbekannt sind.
Eine weitere Rolle des Staates als „unmittelbare Zielerfüllung" war im *Programmpunkt III* entdeckt worden. Hier wäre allerdings eine Diskussion zu beginnen, die

[48] Strack, H., Mikroelektronik a.a.O.

generell die Stellung der Deutschen Bundespost beleuchtet. In dieser Untersuchung sind Probleme in Kapitel 2.2.4 und in Kapitel 4.3.3 angesprochen worden. Die Diskussion über die Aufgabenstellung der Deutschen Bundespost, ihre Teilprivatisierung („Deregulierung"),[49] Probleme der Infrastrukturdarbietung unter Berücksichtigung der Anregung von Innovationen in der Privatwirtschaft, der Anschluß an internationale Entwicklungen usw. hält an. Hier wird auf zwei Untersuchungen verwiesen, einmal auf die Ifo-Studie „Gesamtwirtschaftliche und sektorale Perspektiven der Telekommunikation in der Bundesrepublik Deutschland",[50] erstellt im Auftrag des Bundesministeriums für Wirtschaft, zum anderen auf die Bemerkungen des Sachverständigenrates zur Begutachtung der gesamtwirtschaftlichen Entwicklung in seinem neuesten Gutachten.[51]

Im Ifo-Gutachten wurde bereits Anfang 1983 darauf aufmerksam gemacht, daß die Bundesrepublik – bei anhaltendem Innovations-Attentismus der Deutschen Bundespost – auf dem Gebiet der Telekommunikationstechnik international an Wettbewerbsfähigkeit verlieren wird. Eine Ursache dafür wurde im verzögerten Ausbau des technischen Kommunikationssystems gesehen. Denn davon sind einerseits die privatwirtschaftlichen Unternehmen betroffen, die im Forschungs- und Entwicklungsbereich gefordert sind, den Anschluß an die internationale technische Entwicklung zu halten. Andererseits werden das Innovationspotential im Produktbereich und die Produktivitätssteigerung im Prozeßbereich entscheidend durch die Leistungsmerkmale der zur Verfügung stehenden Telekommunikationsnetze bestimmt.

„Im internationalen Wettbewerb haben die Volkswirtschaften Wettbewerbsvorteile, die über eine leistungsfähige Kommunikationsinfrastruktur verfügen. Damit ist nicht nur die Auswahl der künftigen Netzinfrastruktur von Bedeutung, sondern auch das Innovationstempo, d. h. die Geschwindigkeit der Verbreitung telekommunikativer Innovationen. Die Bedeutung des Innovationstempos ergibt sich zum einen daraus, daß die positiven Anpassungswirkungen auf die Wirtschaft dann am größten sind, wenn es gelingt, auf den entsprechenden Märkten vor den Hauptwettbewerbsländern vertreten zu sein und die verbesserte Infrastruktur im internationalen Maßstab möglichst früh zu nutzen. Zum anderen handelt es sich bei Telekommunikationsnetzen um Infrastrukturgüter, die quasi Vorleistungscharakter haben. Das bedeutet, ihr volkswirtschaftlicher Wert kommt erst dann voll zum Tragen, wenn sie Produktion und Konsum auslösen bzw. ermöglichen. So betrachtet bestimmt die Geschwindigkeit des Infrastrukturausbaus auch das Innovationstempo in den anderen Wirtschaftsbereichen".[52] Die USA und Japan hatten zu Beginn der achtziger Jahre in dieser Hinsicht einen technologischen Vorsprung zu verzeichnen.

Der Sachverständigenrat betonte Ende letzten Jahres, daß im „Bereich der elektronischen Übertragung von Sprache, Daten und Bildern (Telekommunikation) ... die Bundespost lange ihr Fernmeldemonopol durch extensive Auslegung bestehender

[49] Vgl. z. B. die Diskussion anläßlich der 48. Jahrestagung der ARGE wirtschaftswissenschaftlicher Forschungsinstitute am 9. und 10. 5. 1985 in Bonn (Veröffentlichung in Vorbereitung).

[50] Reinhard, M., Scholz, L., Thanner, B., München 1983.

[51] Jahresgutachten 1985/86, Ziff. 337 bis 349 unter der Überschrift „Marktöffnung bei der Telekommunikation".

[52] Reinhard, M., Scholz, L., Wirtschaftliche Perspektiven der Telekommunikation in der Bundesrepublik Deutschland, in: Ifo-Schnelldienst Nr. 33/83, S. 12.

Vorschriften im Kontakt mit der technischen Entwicklung halten (konnte). In jüngerer Zeit ist sie immer weniger in der Lage, die Vielfalt der technischen Möglichkeiten in ein marktgängiges Angebot umzusetzen. Die Anforderungen sind beträchtlich gestiegen: Neue Leitungsnetze müssen verlegt werden – Netze, welche die bisher bestehenden Spezialnetze für Telefon, Telegraphie, Datenübertragung und Bildübertragung unter Ausnutzung der Vorteile der Digitalisierung technisch integrieren können. Die Digitalisierung, auf der auch die automatische Datenverarbeitung aufbaut, hat die Endgeräte revolutioniert" (Ziff. 337). „Nicht nur in der Bundesrepublik hat der staatliche Alleinanbieter der Telekommunikation große Mühe, der rasch wachsenden Vielfalt der Nutzungsmöglichkeiten gerecht zu werden. In anderen Ländern sind angesichts der Tatsache, daß die Telekommunikation die Grundlage für die Entwicklung der Informationstechnologie ist, die wiederum direkt und indirekt die internationale Wettbewerbsfähigkeit eines Landes mitbestimmt, schon die Konsequenzen gezogen worden. Der Bereich der Telekommunikation wurde und wird liberalisiert, private Unternehmen werden an den Chancen und Risiken der Suche nach dem tatsächlichen Bedarf an Kommunikationsleistungen beteiligt" (Ziff. 338). „Die Deregulierung der Telekommunikation soll mehr Wettbewerb im Netz, bei den Endgeräten und unter den Dienstleistungen einer neuen Telekommunikation bringen. Die Reorganisation des Postwesens, auch seiner Zentralämter, die sicher viel Zeit erfordert, erscheint hierbei unumgänglich" (Ziff. 349).

Es stellt sich deshalb die Frage, ob es auch in Zukunft zur „unmittelbaren Zielerfüllung" des Staates gehört, über die Deutsche Bundespost die Infrastrukturanbietung auf dem Gebiet der Telekommunikation entscheidend zu bestimmen. Die internationale Entwicklung (genannt werden im Sachverständigengutachten vor allem die Vereinigten Staaten von Amerika, Großbritannien, Japan) geht zum Teil in eine andere Richtung: Die Märkte werden für private Wettbewerber geöffnet.

Allem Anschein nach hat die Deutsche Bundespost inzwischen erkannt, daß sie sich mit diesen Argumenten offensiv auseinandersetzen muß:

- Obwohl sie sich auf keine Empfehlungen der Enquête-Kommission „Neue Informations- und Kommunikationstechniken" stützen konnte, die ihren Arbeitsbericht[53] im Frühjahr 1983 abschloß, legte die Deutsche Bundespost 1984 ein Konzept[54] zur Weiterentwicklung der Fernmeldeinfrastruktur vor.
- Konkretisiert wurde dieses Konzept durch das mittelfristige Programm[55] für den Ausbau der technischen Kommunikationssysteme, in dem zeitliche Vorstellungen für die Aufnahme von öffentlichen ISDN-Diensten sowie den Einsatz der Glasfaser in den Fernmeldenetzen entwickelt werden.
- Vor dem Hintergrund der Deregulierungen im Ausland, die für die Fernmeldekunden nicht nur positive Effekte auslösten, ist die Deutsche Bundespost als öffentliche Verwaltung gegenwärtig bemüht, sich als innovatives Unternehmen weiterzuentwik-

[53] Zwischenbericht der Enquête-Kommission „Neue Informations- und Kommunikationstechniken", Bundestagsdrucksache 9/2442 vom 28. 3. 1983.

[54] Bundesminister für das Post- und Fernmeldewesen (Hrsg.), Konzept der Deutschen Bundespost zur Weiterentwicklung der Fernmeldeinfrastruktur, Bonn 1984.

[55] Bundesminister für das Post- und Fernmeldewesen (Hrsg.), Mittelfristiges Programm für den Ausbau der technischen Kommunikationssysteme, Bonn 1985.

keln. Von diesen Bemühungen wird es entscheidend abhängen, ob und in welchem Umfang Deregulierungsmaßnahmen ergriffen werden müssen, damit die Vielfalt der Nutzungsmöglichkeiten, die die neuen Telekommunikationsformen bieten, marktgerecht ausgeschöpft werden können.

5.2.3 Subsidiaritätsprinzip und Informationstechnik

Die Bestätigung des Staates in diesem Aufgabenfeld zielt auf die Verbesserung der Rahmenbedingungen zur Förderung der Informationstechnik ab *Programmpunkt I)*. Hier sind drei Hinweise zu geben. Der erste betrifft die Forderung, die Infrastrukturanbietung sowie die Forschung und Entwicklung auf dem Gebiet der Telekommunikation auf die europäische Dimension zu bringen (Kapitel 2.2.4).
Das ist auch die These von Grewlich.[56] Er weist auf das ESPRIT-Programm hin, das sich noch in der Erprobungsphase befindet und ausdrücklich zum Ziel hat, „Japan und die Vereinigten Staaten in strategisch wichtigen Forschungsbereichen der Informationstechnologien einzuholen“[57] (vgl. Programmpunkt I, 2.2). Auch ist auf die Entscheidung des Industrieministerrats der EG hinzuweisen. Er hat eine auf 18 Monate angelegte vorbereitete Definitionsphase eingeleitet über das Programm, Europa mit einem bodengebundenen Breitbandnetz zur Teleübermittlung von Ton, Schrift und Bild zu überziehen. Das Investitionsvolumen für die nächsten zehn Jahre wird auf 150 Mrd. ECU geschätzt.[58] Die Entscheidung ist sicherlich zu begrüßen, doch die Zeit drängt. Zu viele Probleme sind noch ungelöst: In erster Linie wird die Finanzierung Schwierigkeiten bereiten. Solange der Schritt von der AG zur TG auch im finanziellen Bereich nicht vollzogen ist (der Schritt von der europäischen Agrarunion zur europäischen Technologieunion), sind solche Programme lediglich auf dem Papier festgehalten. Hinzu kommen die nationalen Querelen. Das Deutsche Institut für Wirtschaftsforschung hat in einer Studie zum Ausdruck gebracht, daß eine Analyse der Ausgangssituation, in der sich der europäische Telekommunikationssektor befindet, zeigt, „daß unterschiedliche nationale Interessenlagen bestehen, die einer gemeinsamen EG-Telekommunikationspolitik entgegenstehen. Dabei ist eine Abstimmung der PTTs bei den Investitions- und Einführungsstrategien für neue Dienste weniger problematisch als eine Abkehr von national orientierten Beschaffungspolitiken, die bis heute einem gemeinsamen EG-Telekommunikationsmarkt im Wege stehen. Hier bestehen für die Öffnung der Endgerätemärkte größere Aussichten als für die technischen Komponenten der öffentlichen Netze. Als Mindestmaßnahme ist eine EG-weite Standardisierung der Endgeräte anzustreben“[59] (vgl. hierzu auch Programmpunkt I, 2 und 3).
Der zweite Hinweis zielt auf den „erhofften“ gemeinsamen europäischen Binnenmarkt. Er wäre durch seine Größe und Funktionsfähigkeit (hohes Pro-Kopf-Einkommen der Bevölkerung) in der Lage, als Testmarkt für neue Produkte zu dienen, womit der Vorsprung Japans und der USA möglicherweise wettgemacht werden könnte (Kapitel

[56] Grewlich, K., Die außenwirtschaftliche und europäische Dimension der Telekommunikation, in: Neue Medien 1984.
[57] Ebenda, S. 326.
[58] Vgl. SZ vom 30. 7. 1985, S. 19: „Ein Breitbandnetz zur Telekommunikation für Europa“.
[59] DIW-Wochenbericht 34/85: „EG-Telekommunikationspolitik allenfalls langfristig realisierbar“.

2.2.2). Das ist eine Forderung, die weit über den engen Bereich der Informationstechnik hinausgeht. Hier ist der Europapolitik für die (auslaufenden) achtziger Jahre, vor allem für die beginnenden neunziger Jahre die Aufgabe gestellt, diesen Binnenmarkt endgültig zu verwirklichen.
Der dritte Hinweis betrifft den bereits angesprochenen Technologietransferprotektionismus. Mit Blick auf den Programmpunkt I, 1 sollten hier politische Verhandlungen stattfinden mit dem Ziel, den freien Welthandel zu erreichen oder wenigstens das Erreichte zu erhalten.

5.2.4 Staatsinterventionismus und Informationstechnik

Auf die Diskussion über das Für und Wider staatlicher Eingriffe (Staatsinterventionen) ist hingewiesen worden. Die Diskussion hält an;[60] soviel ist aber herauszulesen, daß die hier angesprochene „gestaltende Strukturpolitik" umstritten ist. Es wird wie folgt argumentiert:[61] „Die Begründung für die Strukturpolitik als Gestaltungspolitik sind die Verminderung des Risikos, da die Erfindung neuer Technologien die Risikobereitschaft einer einzelnen Firma, wie groß sie auch sei, überschreiten könne (z. B. Kernkraftwerke), das geringe Interesse der Privatwirtschaft, wenn es darum gehe, Investitionen, die volkswirtschaftlich bedeutsam sind, die sich aber erst sehr langfristig rentieren, vorzunehmen (z. B. Raumfahrt), und schließlich die zu korrigierenden Nachteile gegenüber der internationalen Konkurrenz, wenn diese nämlich ihrerseits massiv von der jeweiligen Regierung gestützt würde. Gesprochen wird hier dann vom ‚Nachteilsausgleich', der gewährt werden müsse". Letzteres entspricht dem „core-technology-approach", der uns bei der Besprechung der Staatshilfen für die Halbleitertechnik begegnet ist (Kapitel 2.2.4). Das Funktionieren von solchen „gestaltenden Förderungen" ist fragwürdig. Die Vermutung liegt nahe, daß hier in Bereiche hinein gefördert wird, die ohnedies wachstumsträchtig sind und daß Unternehmen träge werden, wenn ihnen FuE-Mittel „frei Haus" geliefert werden. Der Unternehmer ist schließlich der Entdekker, nicht der Staat. Die Vermutung wird ausgesprochen, daß Staatsinterventionismen sicherlich für die Verbesserung der Rahmenbedingungen anzubringen sind (vgl. Kapitel 5.2.3), daß sie aber weniger durch selektive Eingriffe wirken.[62] Das ist die allgemeine Sicht.
Im vorliegenden Fall der Informationstechnik sind diese Interventionen vor allem unter dem *Programmpunkt V, Technologie* zu finden. Sie werden in der Besprechung (Kapitel 4.3.2) unter zwei Kategorien eingeordnet:
- Subventionen,
- Komplementärinvestitionen.

Die Subventionen werden hier als „Intervention mit geringer Eingriffsintensität" bezeichnet. Dennoch bleiben die ordnungspolitischen Bedenken bestehen (Kapitel 4.1).

[60] Vgl. z. B. „Staatliche Interventionen in einer Marktwirtschaft", Gutachten des Wissenschaftlichen Beirats beim Bundesministerium für Wirtschaft vom 15./16. 12. 1978; „Erfolg und Mißerfolg sektoraler Strukturpolitik", Verhandlung der ARGE der wirtschaftswissenschaftlichen Institute anläßlich ihrer 47. Jahresversammlung 1984 in Bonn; vgl. hierzu H. Laumer im Ifo-Schnelldienst v. 25. 9. 1984.
[61] Oppenländer, K. H., Zur Begründung sektoraler Strukturpolitik, in: Erfolg und Mißerfolg sektoraler Strukturpolitik, Beihefte der Konjunkturpolitik Heft 31 (1985), S. 12.
[62] Oppenländer, K. H., Zur Begründung a.a.O., S. 14.

Die unter der Rubrik Komplementärinvestitionen eingestuften Fördermaßnahmen sind unter einem etwas anderen Blickwinkel zu sehen. Hier werden allgemeine Grundlagen für alle in diesem Bereich tätigen Unternehmen geschaffen. Die Einteilung erfolgt aber unter „Interventionismus", nicht unter „Subsidiaritätsprinzip". Auch hier bleiben die ordnungspolitischen Bedenken bestehen.
Zwei interessante Varianten der Erstellung von „allgemeinen Grundlagen" sind abschließend anzusprechen: Technologieparks und Wagnisfinanzierungsgesellschaften. Bei beiden Förderungen steht die Meinung Pate, der technologische und technische Fortschritt könne auch durch Unternehmensneugründungen vorangetrieben werden, wobei hier vor allem Neugründungen von Unternehmen gemeint sind, die auf neuen Technologien aufbauen. Dabei sollen Starthilfen gegeben werden, räumliche (über Mietzuschüsse oder Mieten unter Marktniveau) und finanzielle (Zurverfügungstellung von Risikokapital). Beide Programme finden sich auch im BMFT-Programm wieder *(Programmpunkte I, 4.2 und 4.3)*.
Der Erfolg dieser Starthilfen ist umstritten. Im Falle der Wagnisfinanzierung läßt sich das einfach an der Inanspruchnahme des Risikokapitals ablesen. Eine Umfrage bei Unternehmern und Venture-Capital-Experten vor dem 2. Internationalen Venture-Capital-Congress in München (1. bis 3. 11. 1984) hatte beispielsweise gezeigt, daß nur 10% der etwa 700 Mill. DM zur Verfügung stehenden neuen Risikokapital-Fondsbeiträge investiert waren. Die Begründung lautete, daß Existenzgründer Ein- und Aussteiger zugleich seien, „nicht selten aus Frust und negativer Motivation".[63] Nach einem weiteren Bericht dürfte es augenblicklich 40 Venture-Capital-Fonds in der Bundesrepublik geben, mit einem Kapitalvolumen von 1,2 Mrd. DM. Nach Expertenschätzungen sind hiervon maximal 200 Mill. DM investiert worden. „Damit steht der Umfang der von Politikern, Journalisten, Unternehmensberatern und Wirtschaftsführern öffentlich geführten Diskussion über die Notwendigkeit von Venture-Capital für die Finanzierung von innovativen Unternehmen im umgekehrten Verhältnis zu der Zahl der bisher realisierten Projekte".[64] Und: In den USA verliert das „Zauberwort Wagniskapital" an Glanz. „Aus dem High-Technology-Geschäft ziehen sich ihre Gründungsväter, die wagemutigen und spekulierenden Anleger allmählich zurück".[65] Den etablierten Konzernen wird das Feld überlassen.
Im Falle der Technologieparks erleben wir augenblicklich einen Boom in der Bundesrepublik. Nachdem im November 1983 in Berlin das erste Zentrum eröffnet wurde, sind heute etwa 65 Projekte bekannt.[66] Zu unterscheiden sind[67] Gründerzentren (gezielter Einkauf von Dienstleistungen durch junge Unternehmen; ein Vergleich mit „Gewerbehöfen" ist angebracht). Forschungsparks (angesiedelt in der Nähe von Universitäten; attraktive Ansiedlungs- und Arbeitsbedingungen werden geboten) und Technologiezentren (junge Unternehmer werden in alten Fabrikgebäuden oder auf Betriebsgeländen angesiedelt; technische Neuheiten werden produziert und vermarktet). Das Fraunhofer-

[63] SZ v. 30. 10. 1984: „Für Risikokapital gibt es kaum lohnende Projekte".
[64] Spannagel, W., Venture Capital im Zwielicht, in. Blick durch die Wirtschaft v. 3. 10. 1985.
[65] Blick durch die Wirtschaft v. 11. 1. 1985: „Rückzug aus dem Wagniskapitalgeschäft".
[66] Vgl. Wirtschaftswoche v. 31. 5. 1985: „Risse im Brutkasten", S. 40: „Länder im Gründungswettlauf".
[67] Vgl. Technologiezentren als neuer Bestandteil regionaler Strukturpolitik, in: Konjunkturspiegel 8/9/85 des Bremer Ausschusses für Wirtschaftsforschung.

Institut für Systemtechnik und Innovationsforschung hat eine Studie über Stand und Aussichten der Gründung von Technologieparks erstellt.[68] Letztlich sind die Interessen der Außenstehenden sehr unterschiedlich: „Für die Gemeinden stehen zumeist die Verbesserung der örtlichen Wirtschaftsstruktur und die Schaffung neuer Arbeitsplätze im Vordergrund. Kreditinstitute möchten durch die Förderung von Technologiezentren ein positives Bild in der Öffentlichkeit erreichen. Langfristig sichern sie sich auch einen festen Kundenstamm. Großunternehmen wollen die Markenbekanntheit erhöhen und Zulieferer gewinnen. Schließlich nutzen auch Immobiliengesellschaften die Gelegenheit, schwer verkäufliche oder schwer vermietbare Gebäude rentabel zu vermarkten. Das Zusammenwirken verschiedener Institutionen, die je nach Interessenlage und Geschäftstätigkeit Risikokapital, Gebäude oder Einrichtungen zur Verfügung stellen, führt zu einer Reduzierung der entstandenen Kosten".[69] Die Träger stammen meistens aus dem Kreis der Kommunen (Städte, Gemeinden), der Kammern, von privaten Unternehmen.

Fast in jedem Falle fließen öffentliche Gelder:[70]

- Neubau, Umbau oder Renovierung der baulichen Anlagen werden ganz oder überwiegend durch die Bundesländer finanziert, auch in Form eines einmaligen Zuschusses.
- Die zu erwartenden Anlaufverluste bei den Betriebskosten werden ebenfalls zu einem erheblichen Teil von den Ländern getragen; die laufenden Betriebskosten sollen dagegen von den Unternehmen übernommen werden.
- Zuschüsse in Höhe von 50% des Defizits bei den laufenden Kosten vergibt Nordrhein-Westfalen in den ersten drei Jahren; in Baden-Württemberg und Niedersachsen wird dagegen fallweise entschieden.

Erste Anzeichen eines Subventionswettlaufs seien zu erkennen, so berichtet das Fraunhofer-Institut. Hektik und mangelhafte Planung kämen hinzu. Auch müsse sich die öffentliche Hand ihrer Anstoßfunktion bewußt sein: Sie müsse sich allmählich zurückziehen. Das wird inzwischen deutlich gesehen.[71] Darum ist es begrüßenswert, wenn nunmehr in verstärktem Umfang auch privatwirtschaftliche Initiativen ergriffen werden.[72]

Daraus ist der Schluß zu ziehen, daß es sich bei der Wagnisfinanzierung und den Technologieparks um Subventionen handelt, die den üblichen Regeln unterliegen: Sie haben lediglich eine Anstoßfunktion und müssen degressiv gestaltet sein. Bei Erfolg ist eine Rückzahlungsverpflichtung zu vereinbaren.

[68] Vgl. Haben Technologieparks in der Bundesrepublik eine Zukunft? In: Blick durch die Wirtschaft v. 22. 8. 1985.

[69] Ebenda.

[70] Vgl. „Auf die kritische Masse kommt es an". Technologieparks in der Bundesrepublik Deutschland, in: Wirtschaft & Produktivität Nr. 6, Juni 1985, S. 8.

[71] So ein Bericht in den BMWi-Tagesnachrichten vom 29. 5. 1985: „Bundesländer begrüßen den Wettbewerb der Technologieparks untereinander".

[72] Diese Tendenz ist im Ausland verstärkt festzuhalten. Vgl. hierzu Bräunling, G. und Keil, G., „Ein in der Unternehmens- und Finanzberatung erfahrener Manager ist der Schlüssel zum Erfolg", in: Handelsblatt vom 17./18. 2. 1984 (Bericht über Gründerzentren in den Niederlanden und in Großbritannien); vgl. Bundesministerium für Wirtschaft, Technologieparks in der Bundesrepublik Deutschland, Bericht vom 14. 3. 1985, Abschnitt 1: „Ausländische Vorbilder", Abschnitt 7: „Private Initiativen" sowie Anhang 3 „Technologie-Centrum Schwerte – eine private Initiative".

5.3 Schlußbemerkung

Die Aufgabe des Staates und der Kommunen in der Informationstechnik ist als notwendig erkannt worden. Die einzelnen Einflußmöglichkeiten sind unter zwei Gesichtspunkten einzuordnen: Einmal ist der ordnungspolitische Bewertungsmaßstab aufzugreifen, wonach der Staat sich prinzipiell zurückzuhalten hat, dann nämlich, wenn es darum geht, über marktwirtschaftliche Prozesse effiziente Ergebnisse zu erhalten. Er hat deshalb vor allem nur Rahmenbedingungen für das Wirtschaften bereitzuhalten, und, wo notwendig, zu verbessern. Zum anderen ist die Bundesrepublik Deutschland eine offene Wirtschaft. Von außen werden Bedingungen an uns herangetragen, die nicht immer diesem Ideal entsprechen. Darauf ist zu reagieren, will man nicht die internationale Konkurrenzfähigkeit und damit Arbeitsplätze aufs Spiel setzen. Auch der Staat hat hier seine Rolle zugeteilt bekommen.

Als große Aufgaben der Zukunft für Staat und Kommunen sind identifiziert worden:

1. Der Ausbau der Grundlagenforschung, die Unterstützung der Kooperation zwischen Universitäten und Industrie, die Unterstützung der Ausbildung und Weiterbildung in der Informationstechnik.
2. Die Schaffung des großen Binnenmarktes Europa, als Testmarkt für Produktinnovationen und als Basis für ein gemeinsames Telekommunikationsnetz (insofern ist die EG unbedingt in den Kontext Staat mit einzubeziehen).
3. Die strikte Vermeidung des Technologietransferprotektionismus sowie die Eindämmung eines internationalen Subventionswettlaufs im Bereich des core-technology-approachs.
4. Die Öffnung der Infrastrukturdarbietung auf dem Gebiet der Telekommunikation für private Wettbewerber, um die Innovation auf diesem Gebiet voranzutreiben. Die Rolle der Deutschen Bundespost ist zu überdenken.

Zurückhaltung ist geboten auf dem Subventionssektor. Die Beispiele Wagnisfinanzierung und Technologieparks haben gezeigt, daß hier höchstens eine Anfangsunterstützung geboten ist. Die weitere Entwicklung („technologieorientierte Unternehmensgründungen") muß dem Markt überlassen bleiben.

Bisher erschienene Forschungsberichte:

1. Helga Neumann
Zur Machtstruktur in der Bundesrepublik Deutschland
2. Die Neue Soziale Frage
M. Groser, Theoretische, programmatische und ordnungspolitische Grundlagen
W. W. Veiders, Empirische Befunde

Dezentralisierung des politischen Handelns

3. Bd. 1: Ökonomische, politologische und verfassungsrechtliche Ansätze
4. Bd. 2: Konzeption und Positionen
5. Eberhard Wagemann
Überlegungen zum Ausbildungssystem der Streitkräfte
6. Elisabeth Harder
Rückkehr oder Verbleib – Eine Befragung griechischer Arbeiter in Nordrhein-Westfalen
7. Jugendarbeitslosigkeit
– Ursachen, Folgen, Lösungswege –
8. Franz Böhm: Beiträge zu Leben und Wirken
9. 25 Jahre Volksabstimmung an der Saar

K. Heinemann, P. Röhrig, R. Stadié
Arbeitslose Frauen im Spannungsfeld von Erwerbstätigkeit und Hausfrauenrolle

10. Bd. 1: Analysen
11. Bd. 2: Datendokumentation
12. Ludwig Heck
Wohnumwelt – Siedlungsstrukturelle Bedingungen des Wohnens
13. Günter Rau, Georg Rieger
Möglichkeiten einer Gemeindebeteiligung an der Umsatzbesteuerung
14. Bärbel Steinkemper
Die Förderung sozialwissenschaftlicher Forschung
15. Josef Beyerle: Beispiel eines christlichen Politikers
16. Der Neo-Konservativismus in den Vereinigten Staaten und seine Auswirkungen auf die Atlantische Allianz
17. Karl Dietrich Bracher u. a.
Entwicklungslinien der Politikwissenschaft in der Bundesrepublik Deutschland
18. Lothar Theodor Lemper / Raban Graf von Westphalen
Privatschulen im öffentlichen Schulwesen
19. Gerhard Baumann
Die Blockfreien-Bewegung
20. Die Zukunft der Kernenergie
21. Herbert Kühr / Klaus Simon
Lokalpartei und vorpolitischer Raum
22. Das neue Seerecht – Die Bundesrepublik Deutschland vor der Entscheidung
23. Die Zukunft der deutsch-amerikanischen Beziehungen
24. Hans Braun / Stephan Articus
Hilfeleistungen in Familie und Nachbarschaft als Ansatzpunkte kommunaler Sozialpolitik.
25. Argumente für Frieden und Freiheit
26. Kirche und Wirtschaft
27. Christian Nienhaus
Die Rentenreform – Kritische Würdigung des geltenden Rentenrechts und ausgewählter Reformvorschläge
28. Wege aus der Arbeitslosigkeit?
Mehr Arbeitsplätze
– durch technologischen Fortschritt?
– durch Umverteilung von Arbeit?
29. Jo Klein / K.-J. Kierey / N. Lammert
Bürgernahe Organisation großstädtischer Parteien
30. Entsorgung von Kernkraftwerken – Politische und technische Probleme
31. Politische Bildung heute
Beiträge für: Unterricht an Schulen · Außerschulische Jugendbildung · Weiterbildung · Erwachsenenbildung
32. Der Beitrag des Rechts zum europäischen Einigungsprozeß
33. Neue Medien
34. Praktische Erfahrungen mit dem Bundesbaugesetz
35. Eberhard Kuhrt
Wider die Militarisierung der Gesellschaft: Friedensbewegung und Kirche in der DDR
36. Hans K. Schneider/Werner Deichmann
Der Weg zur sozialen Wohnungsmarktwirtschaft
37. Peter Eichhorn
Leistungssteigerung in der öffentlichen Verwaltung
38. Wohin entwickelt sich die Sowjetunion? – Zur außenpolitischen Relevanz innenpolitischer Entwicklungen
39. Perspektiven der Kernenergie – Kernenergiepolitik in der Bundesrepublik Deutschland, den USA und Japan
40. Hans Braun / Stephan Articus
Die häusliche Versorgung pflegebedürftiger alter Menschen – Eine empirische Untersuchung der Erscheinungsformen, Probleme und Unterstützungsmöglichkeiten
41. Wagnisfinanzierung und technologieorientierte Unternehmensgründung
42. O. W. Gabriel / Peter Haungs / Matthias Zender
Opposition in Großstadtparlamenten
43. Neues Städtebaurecht
44. Familie und Familienpolitik
Zur Situation in der Bundesrepublik Deutschland
45. Wolfgang Schreiber
Die Strategische Verteidigungsinitiative – Vorgeschichte, Konzeption, Perspektiven
46. Manfred Wilke
Einheitsgewerkschaft zwischen Demokratie und antifaschistischem Bündnis
47. Manfred Hättich u.a.
Die politische Grundordnung der Bundesrepublik Deutschland in Politik- und Geschichtsbüchern
48. Die notwendige Hilfe – Grundlagen, Leitlinien und Instrumente der Entwicklungszusammenarbeit
49. Standpunkte zu SDI in West und Ost
50. Das Deutschland- und Amerikabild – Beiträge zum gegenseitigen Verständnis beider Völker
51. Flucht und Vertreibung in der Nachkriegsliteratur – Formen ostdeutscher Kulturförderung
52. Sozialismus und Verteidigung – Die Sicherheitspolitik der sozialistischen Regierung Frankreichs
53. Deutsche Frage und Westbindung
54. Karl Heinrich Oppenländer
Auftrag des Staates und der Kommunen in der Informationstechnik

Bestellungen an Verlag Ernst Knoth GmbH · Postfach 226 · D-4520 Melle 1